Brosche – Rösel – Ruoss

Ich lebe in Europa

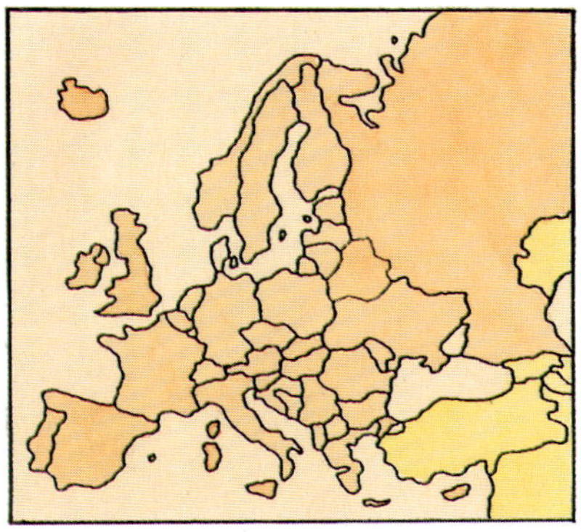

Heidemarie Brosche
Astrid Rösel
Christof Ruoss

Ich lebe in Europa

Ravensburger Buchverlag

Bildquellennachweis:

S. 9: Ernst Fesseler
S. 10, 11: Europäische Kommission, Bonn
S. 12: Institut für Auslandsbeziehungen, Stuttgart
S. 14, 17: Belgisches Fremdenverkehrsamt
S. 21: Bulgarisches Fremdenverkehrsamt
S. 25, 26: Dänisches Fremdenverkehrsamt
S. 28: Verkehrsamt St. Goarshausen
S. 34: Finnische Zentrale für Tourismus
S. 38: G. Rouault
S. 42: Griechische Zentrale für Fremdenverkehr
S. 46: Madame Tussaud's, London
S. 51, 52: Bord Failte Photo/Irish Tourist Board
S. 56: Isländisches Fremdenverkehrsamt
S. 61: Staatliches Italienisches Fremdenverkehrsamt
S. 65: Kroatische Zentrale für Tourismus
S. 69: Ernst Fesseler
S. 70: Baltische Zentrale für Fremdenverkehr
S. 73: Ville de Rumelange
S. 74: Institut für Auslandsbeziehungen, Stuttgart
S. 79: Jürgens Ost+Europa Photo
S. 83: H. vd. Leeden/Niederländisches Büro für Tourismus
S. 86: Institut für Auslandsbeziehungen, Stuttgart
S. 90: Österreich Werbung/Archty
S. 91: Alfred Hurst
S. 95: Polnisches Informationszentrum für Touristik
S. 102: Rumänisches Fremdenverkehrsamt
S. 106: Jürgens Ost+Europa Photo
S. 108: Glasriket Nybro
S. 114: Basel Tourismus
S. 116, 117: Slowakisches Fremdenverkehrsamt
S. 123 links: Martina Nommel
S. 123 rechts: A. Garrido/Spanisches Fremdenverkehrsamt
S. 128: Institut für Auslandsbeziehungen, Stuttgart
S. 131: Komitee „Tschernobyl", Lindau
S. 134, 135: Ungarisches Fremdenverkehrsamt
S. 142, 143: Stefan Ruess

3 2 1 00 99 98

Illustrationen: Christof Ruoss unter Mitarbeit
von Sabine Oeler
Umschlaggestaltung: Rainer Weishaupt
unter Verwendung einer Illustration von Christof Ruoss

Printed in Germany

ISBN 3-473-35465-1

Die Deutsche Bibliothek – CIP-Einheitsaufnahme

Ich lebe in Europa

Heidemarie Brosche; Astrid Rösel; Christof Ruoss. –
Ravensburg: Ravensburger Buchverl., 1998
ISBN 3-473-35465-1

Inhalt

Europa

Die Ziffern von 1 bis 17 bezeichnen folgende Staaten:

1 Albanien
Hauptstadt: Tirana

2 Belgien
Hauptstadt: Brüssel

3 Bosnien-Herzegowina
Hauptstadt: Sarajevo

4 Kroatien
Hauptstadt: Zagreb

5 Liechtenstein
Hauptstadt: Vaduz

6 Luxemburg
Hauptstadt: Luxemburg

7 Malta
Hauptstadt: Valletta

8 Makedonien
Hauptstadt: Skopje

9 Moldawien
Hauptstadt: Kischinjow

10 Niederlande
Hauptstadt: Amsterdam

11 Slowakei
Hauptstadt: Bratislava

12 Slowenien
Hauptstadt: Ljubljana

13 Tschechien
Hauptstadt: Prag

14 San Marino
Hauptstadt: San Marino

15 Andorra
Hauptstadt: Andorra la Vella

16 Monaco
Hauptstadt: Monaco

17 Vatikanstadt

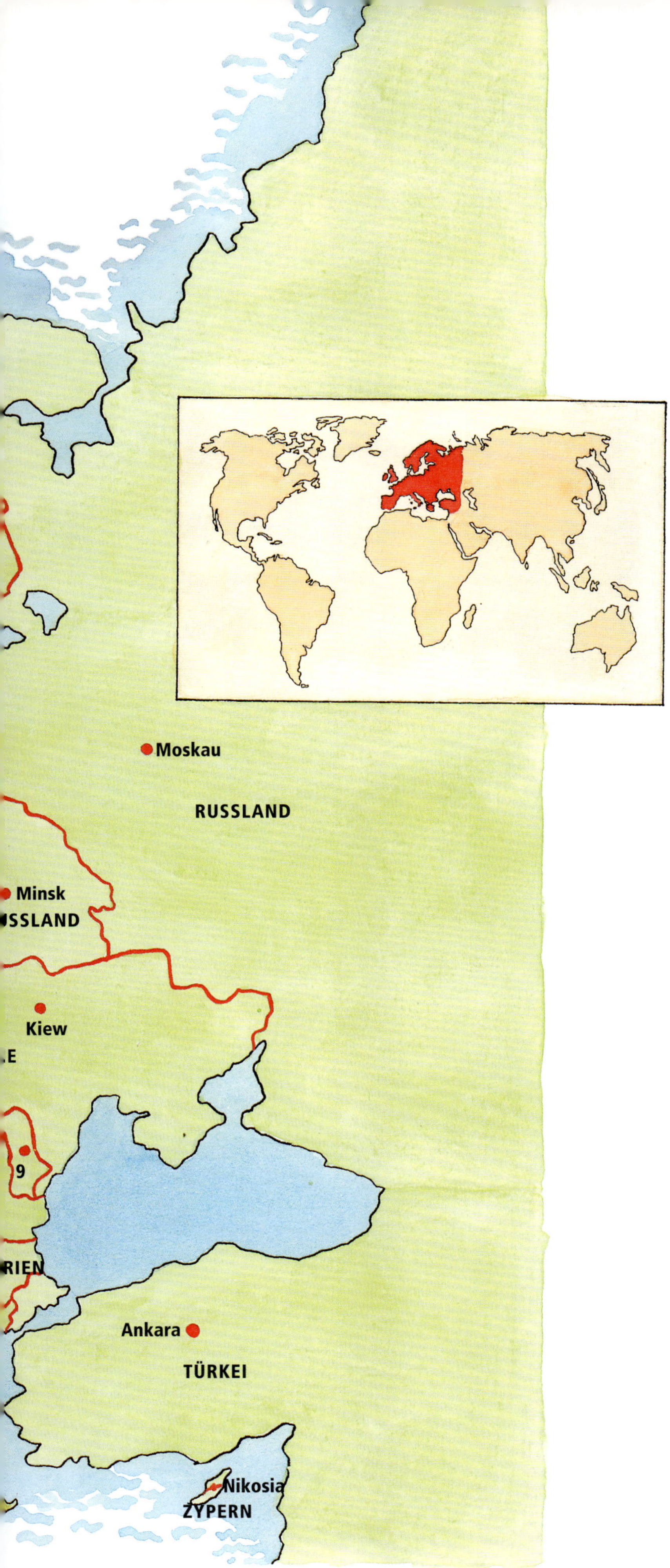

Die KFZ-Zeichen der europäischen Staaten

Albanien: AL
Belgien: B
Bosnien-Herzegowina: BIH
Bulgarien: BG
Dänemark: DK
Deutschland: D
Estland: EST
Finnland: FIN; auch SF
Frankreich: F
Griechenland: GR
Großbritannien: GB
Irland: IRL
Island: IS
Italien: I
Jugoslawien: YU
Kroatien: HR
Lettland: LV
Liechtenstein: FL
Litauen: LT
Luxemburg: L
Makedonien: MK bzw. FYROM
Malta: M
Moldawien: MD
Niederlande: NL
Norwegen: N
Österreich: A
Polen: PL
Portugal: P
Rumänien: RO
Russland: RUS
Schweden: S
Schweiz: CH
Slowakei: SK
Slowenien: SLO
Spanien: E
Tschechien: CZ
Türkei: TR
Ukraine: UA
Ungarn: H
Weißrussland: BY
Zypern: CY
Andorra: AND
Monaco: MC
San Marino: RSM
Vatikanstadt: V

Europa im Überblick

Europa-Kurzinfo

Größe: rund 10,4 Millionen km^2 – Europa ist nach Australien der zweitkleinste Erdteil.
Einwohnerzahl: rund 750 Millionen
Anzahl der Staaten: 45
Größter Staat: Russische Föderation (17075000 km^2, davon etwa 3400000 km^2 auf dem europäischen Kontinent)
Kleinster Staat: Vatikanstadt (0,44 km^2)
Religionen: Christentum, Judentum, Islam

Ein paar Besonderheiten

- Gibraltar liegt am äußersten Zipfel Spaniens, gehört aber zu Großbritannien.
- Grönland, die größte Insel der Welt, gehört zu Dänemark, liegt aber nicht in Europa.
- Die Kanarischen Inseln gehören zwar zu Spanien, zählen aber nicht zu Europa, sondern zu Afrika.
- Zypern liegt näher am asiatischen als am europäischen Festland, wird aber zu Europa gerechnet.
- Istanbul ist die einzige Stadt der Welt, die auf zwei Kontinenten liegt: Europa und Asien.
- Die Niederlande sind der einzige Staat Europas, der noch wächst: Hier werden so genannte „Polder“ geschaffen – vom Meer abgerungene, trockengelegte Gebiete, auf denen Landwirtschaft betrieben wird und sogar neue Städte entstehen.
- Russland ist ein Land, dessen Landkarten völlig überarbeitet werden müssen – bis 1991 hat man aus politischen Gründen ganze Städte und Straßen geheim gehalten. Außerdem wurden viele Ortschaften und Gebiete falsch dargestellt, um die Geheimdienste aus anderen Ländern zu verwirren.

Unterschiedliche europäische Währungen

Momentan sind in Europa noch 40 verschiedene Währungen im Umlauf, nach Einführung des Euro (siehe S. 10) wird es die hier gezeigten Geldscheine nicht mehr geben.

Sprachen in Europa

In Europa gibt es 62 Sprachen, die von mehr als 1000 Menschen gesprochen werden. Die meisten Sprachen gehören zu drei großen Sprachfamilien.

Indogermanische Sprachen:

- **Germanische Sprachen** (aus dem Urgermanischen entstanden): zum Beispiel Deutsch, Englisch, Niederländisch, Dänisch und Schwedisch
- **Romanische Sprachen** (aus dem Lateinischen entstanden): zum Beispiel Französisch, Italienisch, Spanisch, Portugiesisch und Rumänisch
- **Slawische Sprachen** (aus dem Urslawischen entstanden): zum Beispiel Russisch, Polnisch, Tschechisch und Bulgarisch
- **Keltische Sprachen** (aus dem Keltischen entstanden): zum Beispiel Irisch, Schottisch und Walisisch

Daneben gibt es andere Sprachen, die zwar indogermanischen Ursprung haben, aber keiner dieser Sprachgruppen angehören, wie Griechisch, Albanisch oder Litauisch.

Finno-ugrische Sprachen:

Zu dieser Sprachfamilie zählen unter anderem Finnisch und Ungarisch. Ähnlich wie die Indogermanischen Sprachen sind diese aus einer Ursprache hervorgegangen. Deren Sprecher lebten vor etwa 6000 Jahren im Uralgebirge. Dieses Uralvolk teilte sich auf: Eine Gruppe zog nach Nordeuropa, eine andere ins Gebiet des heutigen Ungarn. Beide Volksgruppen sprachen zunächst dieselbe Sprache, doch im Lauf der Zeit hat sich die Sprache überall anders entwickelt. Die Nachfahren in Nordeuropa sprechen heute Finnisch, die anderen Ungarisch. Es gibt heute nur noch wenige Wörter, die in beiden Sprachen gleich klingen – zum Beispiel Wasser (Finnisch „vesi“, Ungarisch „viz“) oder Hand (Finnisch „käsi“, Ungarisch „kez“). Die Grammatik ist noch immer sehr ähnlich.

Turksprachen und andere Sprachen:

Die bedeutendste Turksprache Europas ist Türkisch. Weitere Turksprachen, wie Tatarisch oder Gagausisch, sind nur in bestimmten Gebieten von Bedeutung, wo meist eine Amtssprache gesprochen wird.

Eine besondere Sprache:

Die geheimnisvollste und vermutlich schwierigste aller europäischen Sprachen ist das Baskische. Bis heute hat noch niemand genau herausgefunden, mit welcher Sprache sie verwandt ist und wie sie in das Baskenland (Spanien/Frankreich) gelangte.

Europa aktuell

Früher gab es in Europa zahlreiche Kriege und Auseinandersetzungen, die immer wieder für große Not unter der Bevölkerung sorgten. Im 20. Jahrhundert fanden zwei Weltkriege statt, und besonders der Zweite Weltkrieg (1939–1945) riss einen tiefen Graben zwischen die europäischen Nationen. Nach dem Krieg wurde Europa in zwei Blöcke geteilt: den Ostblock und die Länder im Westen. Zwischen diesen Blöcken gab es kaum Kontakt. Erst seit 1989 wächst Europa langsam zusammen.

Ost und West

Die lange Teilung Europas hat zu großen Unterschieden zwischen den Ländern des Ostens und des Westens geführt. Im Osten herrschte ein anderes Politik- und Wirtschaftssystem, der so genannte „Kommunismus". Die Wirtschaft stand unter staatlicher Leitung. Privatbesitz wurde größtenteils abgeschafft. Reisen ins westliche Ausland waren nur selten möglich. Zeitungen, Rundfunk und Fernsehen wurden durch den Staat kontrolliert; Kritik war nicht erlaubt.

Da
Symbol de
Hoffnun
Die Europaflagge – zwöl
gelbe Sterne auf blauem
Grund – wurde 1986 von
der Europäischen Union
als offizielle Flagge
übernommen

Die Europäische Union

Während der europäischen Teilung bildeten einige westeuropäische Länder eine neue Gemeinschaft: die Europäische Union (EU).
Ziel der Europäischen Union ist ein Zusammenwachsen der europäischen Länder. Dies bringt den Menschen viele Vorteile: Jeder Mensch darf jedes Land bereisen. Erwachsene dürfen in den anderen europäischen Ländern studieren, arbeiten oder Geschäfte eröffnen. Waren aus den anderen Ländern sind überall erhältlich. Außerdem bringt die Zusammenarbeit Fortschritte in Wissenschaft und Technik.

Mitgliedstaaten der Europäischen Union

seit 1951:	Belgien, Deutschland, Frankreich, Italien, Luxemburg, Niederlande
seit 1973:	Dänemark, Großbritannien, Irland
seit 1981:	Griechenland
seit 1986:	Portugal, Spanien
seit 1995:	Finnland, Österreich, Schweden

Die nächsten Staaten werden vermutlich erst im Jahr 2003 aufgenommen. Dabei haben folgende sechs Länder die größten Chancen: Estland, Polen, Slowenien, Tschechien, Ungarn und Zypern.

Organe der Europäischen Union

Europäisches Parlament: Die Volksvertretung aller Länder. Seine Mitglieder werden alle fünf Jahre von den Bürgern jedes Mitgliedstaates gewählt. Das Europäische Parlament entscheidet zusammen mit dem Rat über Gesetze.

Rat der Europäischen Union: Hier werden die wichtigsten Entscheidungen getroffen. Dazu treffen Minister der einzelnen Länder zusammen, und bei besonders wichtigen Dingen die Regierungschefs aller Mitgliedstaaten.

Europäische Kommission: Überwacht die Einhaltung der Gesetze und die Arbeit des Parlaments. Die Kommission hat die Macht, das Parlament abzusetzen.

Gerichtshof: Jeder Mitgliedstaat entsendet einen Richter. Die Richter entscheiden über Recht und Unrecht bei der Ausführung der Gesetze. Sie überwachen auch die Durchführung von Verträgen. Der Gerichtshof wird außerdem bei Streitigkeiten eingeschaltet, die die Europäische Union betreffen.

Europäischer Rechnungshof*:* Hier werden alle Einnahmen und Ausgaben der Gemeinschaft überwacht.

Der geschlossene Kreis der Sterne steht für die Einigkeit der einzelnen europäischen Völker. Die zwölf Sterne stehen für die ersten zwölf Mitgliedstaaten der Europäischen Union.

Der Weg zur Europäischen Union

1951 „Europäische Gemeinschaft für Kohle und Stahl": Ziel war eine Zusammenarbeit mehrerer Staaten für Frieden und Wohlstand.

1957 „Europäische Wirtschaftsgemeinschaft" (EWG) und „Europäische Atomgemeinschaft" (EURATOM): Gemeinsames Handeln in der Wirtschaft

1968 Zollunion: Erleichterungen für den Handel zwischen den Teilnehmerländern

1992 „Vertrag über die Europäische Union": Dieses in Maastricht (Niederlande) unterzeichnete Dokument erweiterte die Zusammenarbeit auf Bereiche der Politik. Der nächste große Schritt wird die Einführung des „Euro" sein.

Die Währungsunion

So richtig zusammenwachsen können mehrere Länder nur, wenn überall mit demselben Geld bezahlt wird. Dieses Ziel verfolgt die so genannte Währungsunion. Als „Währung" bezeichnet man das Geld eines Landes; bei einer „Währungsunion" wird eine einzige Währung eingeführt, die dann in mehreren Ländern gilt.

Die Europäische Union hat die Einführung des „Euro" beschlossen. Ein Euro besteht aus 100 Cent. Die bisher gültigen Münzen und Geldscheine der verschiedenen Mitgliedstaaten verlieren dann schrittweise ihre jeweilige Gültigkeit.

Bereits 1979 wurde das „Europäische Währungssystem" (EWS) und mit ihr der „ECU" geschaffen. Damit wurde jedoch nicht bezahlt; der ECU diente dazu, beim Handel zwischen den Ländern der Europäischen Union die Preise der Waren zu berechnen.

Zur Einführung des Euro wurde ein Vier-Stufen-Plan aufgestellt.

Frühjahr 1998: Entscheidung, welche Länder an der Währungsunion teilnehmen dürfen

1. Januar 1999: Beginn der Währungsunion. Es wird festgelegt, wie die einzelnen Währungen in den Euro umgetauscht werden. Die Europäische Zentralbank übernimmt die Geldpolitik.

1. Januar 2002: Der Euro ersetzt die nationalen Münzen und Geldscheine, es kann jedoch noch damit bezahlt werden.

1. Juli 2002: Die Einführung ist abgeschlossen, ab jetzt gilt nur noch der Euro.

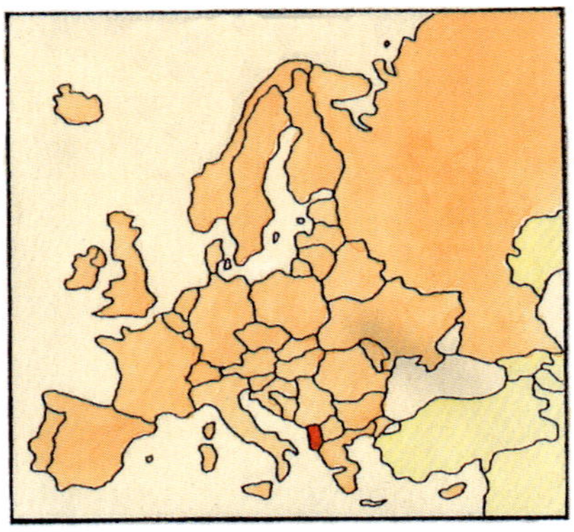

◀ Der südalbanische Ort Gjirokastra erstreckt sich über Anhöhen. Die Straßen sind oft sehr steil. Wegen der typisch albanischen Architektur steht der Ort als „Museumsstadt“ unter Denkmalschutz.

◀ In Albanien werden immer noch Trachten getragen. Zur Tracht der Frauen gehören diese Schuhe, die man „Opingas“ nennt.

Fläche: 28 748 km²
Einwohner: 3 500 000
Hauptstadt: Tirana
Amtssprache: Albanisch
Hauptreligionen: Muslime, Orthodoxe, Katholiken
Währung: 1 Lek = 100 Qindarka
Wichtigste Flüsse: Drin, Seman
Höchste Erhebung: Korab (2764 m)

Albanien

Albanien ist ein weitgehend gebirgiges Land. Viele Täler sind so unzugänglich, dass deren Bewohner früher nur selten auf andere Leute trafen. So haben sich in manchen Gegenden ganz eigene Dialekte entwickelt. Bis 1992 stand Albanien unter kommunistischer Führung und seine Bewohner kamen kaum in Kontakt mit anderen Europäern. Erst in den letzten Jahren öffnen sich die Grenzen. Die 400 Kilometer lange Mittelmeerküste, die zum größten Teil militärisches Sperrgebiet war, soll für den Fremdenverkehr erschlossen werden. Obwohl es in Albanien Bodenschätze gibt und Getreide, Obst und Gemüse angebaut werden, gilt es als ärmstes Land Europas.

◀ **Über den Kiri-Fluss spannt sich nahe der Stadt Shkodra beim Dorf Mes eine Brücke mit zwölf Bögen. Sie gilt als die bedeutendste und am besten erhaltene Brücke aus der Zeit der Türken in Albanien. Da der Mittelbogen zwölf Meter weit und 18 Meter hoch ist, konnte ihr kein Hochwasser etwas anhaben.**

▲ **Berat, auch „Stadt der 1000 Fenster" genannt, gilt wegen ihrer Lage und der Bauweise ihrer Häuser als eine der schönsten Städte Albaniens.**

▶ **In Tirana steht das Reiterstandbild des Feldherrn Skanderbeg, der im 15. Jh. den Freiheitskampf gegen die Türken anführte und als Nationalheld verehrt wird.**

◀ Mitten in den Ardennen liegen die Tropfsteinhöhlen von Han. Auf einer Länge von fünf Kilometern gibt es hier bis zu 129 Meter hohe Höhlen und viele unterirdische Seen. Viel Wissenswertes erfährt man im dazugehörigen Höhlenmuseum.

▲ „Männeken Pis" ist das beliebteste Wahrzeichen von Brüssel. Die Brunnenfigur besteht aus Bronze und wurde 1619 geschaffen. Zu besonderen Feiertagen wird sie angezogen – dafür gibt es mehrere Hundert verschiedene Kostüme und Uniformen.

▶ Das Klöppeln von feinen Spitzen hat in Belgien eine lange Tradition. In Brügge gibt es sogar eine Spitzenschule, an der Kinder das Klöppeln lernen können. Diese Kurse sind lange im Voraus ausgebucht.

Belgien

Quer durch das Königreich Belgien verläuft eine Sprachgrenze: Im Norden leben „Flamen“, die Niederländisch sprechen, und im Süden „Wallonen“, die Französisch sprechen. Außerdem gibt es eine deutsche Minderheit im Osten des Landes. Vor allem zwischen Wallonen und Flamen traten früher viele Probleme auf. Denn als 1830 der Staat Belgien entstand, benachteiligten seine Gesetze die Flamen. Heute sind Flandern und Wallonien jedoch gleichberechtigte Regionen. Belgien war Gründungsmitglied der Europäischen Union. In seiner Hauptstadt Brüssel haben die wichtigsten europäischen Organisationen ihren Sitz. Für den Handel wurden die Häfen an der Nordsee ausgebaut, allen voran Antwerpen. Weltberühmte Tuche und Spitzen wurden bereits während des Mittelalters im Norden von Belgien hergestellt. Die erste Industrielandschaft Europas entstand dagegen im Südwesten des Landes: Bergbau und Stahlindustrie prägten das Bild dieser Gegend.

Die Landschaft Belgiens ist meist flach bis hügelig. Seine höchsten Berge liegen im waldbedeckten Mittelgebirge der Ardennen im Südosten.

Fläche: 30 518 km²
Einwohner: 1 100 000
Hauptstadt: Brüssel
Amtssprachen: Niederländisch (Flämisch), Französisch, Deutsch
Hauptreligion: Katholiken
Währung: 1 Belgischer Franc = 100 Centimes
Wichtigste Flüsse: Schelde, Maas
Höchste Erhebung: Botrange (694 m)

◀ Einer der schönsten Marktplätze Europas ist die „Grand'Place" in Brüssel. Jedes Haus auf diesem „Großen Platz" hat eine andere reich verzierte und vergoldete Fassade. Auf dem Platz wird Mitte August am Vortag zu Maria Himmelfahrt ein farbenprächtiges Bild aus 700 000 Begonien-Blüten gelegt. Das geschieht allerdings nur in geraden Jahren, also zum Beispiel 1998, 2000, 2002 und so weiter. Das Muster dafür wird jedes Mal neu entworfen.

▼ Belgische Handwerker sind vor allem für zwei Waren in der Welt berühmt: Fein geklöppelte Brüsseler Spitze sowie Diamanten, die in Antwerpen geschliffen werden.

◀ Alljährlich werden in Pepinster, einem kleinen Dorf in den Ardennen, viele originelle Rekorde aufgestellt. Hier konnten viele Tausend Zuschauer beispielsweise beobachten, wie der höchste Turm der Welt aus Telefonbüchern aufgestapelt wurde oder wie jemand zwölf Stunden lang mit einem Seil sprang.

▲ Die Stadt Brügge wird seit Jahrhunderten „Venedig des Nordens" genannt. Zahllose Kanäle, die „Grachten", und Brücken prägen das mittelalterliche Stadtbild genauso wie die vielen Kirchen und reichen Bürgerhäuser.

▲ 1989 wurde in Brüssel der Freizeitpark Bruparck eröffnet. Eine seiner Attraktionen ist die Anlage Minieuropa. In ihr wurden 350 Bauwerke und Sehenswürdigkeiten Europas im Miniformat genau nachgebaut. Hier kann man in zehn Minuten von Griechenland bis Großbritannien gehen.

▶ In Waterloo bei Brüssel wurde 1815 der französische Kaiser und Feldherr Napoleon I. vernichtend geschlagen. Auf dem ehemaligen Schlachtfeld befindet sich heute der 40 Meter hohe Löwenhügel. Auf dem künstlich aufgeschütteten Hügel thront ein über vier Meter hoher gusseiserner Löwe, der 28 Tonnen wiegt.

◀ Ein modernes Wahrzeichen von Brüssel ist das Atomium – ein riesenhaft vergrößertes Eisenmolekül. Seine Höhe beträgt 102 Meter. Die Verkleidung aus Aluminium glänzt tagsüber im Sonnenlicht, nachts strahlen es Lampen an. Das Atomium wurde 1958 für die Weltausstellung erbaut. In der oberen Kugel befindet sich ein Restaurant mit einem herrlichen Ausblick über die Stadt.

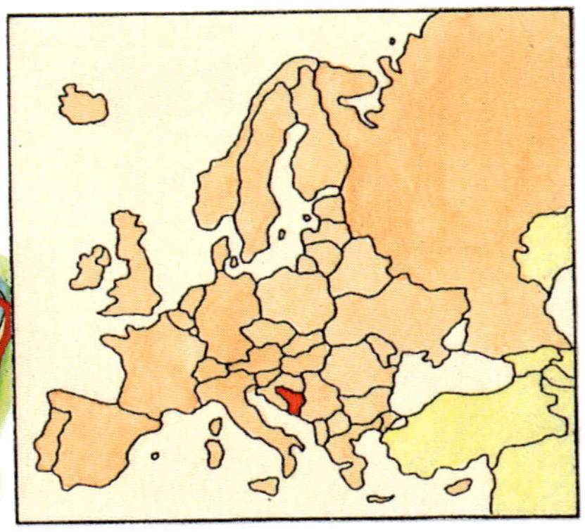

Fläche: 51 129 km²
Einwohner: 3 500 000
Hauptstadt: Sarajevo
Amtssprache: Serbokroatisch
Hauptreligionen: Muslime, Serbisch-Orthodoxe, Katholiken
Währung: Bosnisch-herzegowinischer Dinar = 100 Para
Wichtigste Flüsse: Drina, Bosna
Höchste Erhebung: Maglić (2386 m)

▼ Die Alte Brücke von Mostar wurde 1566 aus weißem Kalkstein errichtet und überspannte den 28 Meter breiten Fluss Neretva in einem einzigen Bogen. Im Bürgerkrieg wurde auch diese bautechnische Meisterleistung zerstört.

Bosnien-Herzegowina

Seit dem Ende des Bürgerkriegs, der von 1992 bis 1995 im Lande wütete, wird in Bosnien-Herzegowina am Wiederaufbau der Wirtschaft und Industrie gearbeitet. Vor allem kleine Unternehmen beginnen mit Hilfe des Auslands wieder zu produzieren.

Landwirtschaft spielt eine große Rolle, auch wenn es in dem gebirgigen Land nicht allzu viele Anbauflächen gibt. Für Badetourismus sind die Voraussetzungen weniger gut, da Bosnien-Herzegowina nur mit einem kleinen Stück an das Mittelmeer grenzt und lange Strände somit fehlen.

▲ An zahlreichen Stellen des Landes befinden sich Grabstätten der „Bogomilen", einer Sekte des 10. Jh. Ihre Anhänger glaubten zum Beispiel, dass die Welt nicht von Gott, sondern vom Teufel erschaffen wurde.

▲ In der Nähe der Pliva-Seen gibt es noch ein paar ganz besondere alte Wassermühlen zu sehen. Bei diesen Getreidemühlen wird das Wasser über eine Holzrinne geleitet und treibt so das Mühlrad an. Eine Holzachse überträgt die Drehbewegung auf die Mühlsteine.

◀ Sarajevo liegt in einem Talbecken, das von über 1600 Meter hohen Gebirgsmassiven umgeben ist. Das Stadtbild ist mit seinen vielen schlanken Minaretttürmen stark von der Zeit der Türkenherrschaft geprägt. 1984 fanden hier noch die Olympischen Winterspiele statt – zehn Jahre später waren viele der damals errichteten Bauwerke durch den Bürgerkrieg wieder zerstört.

◀ Die „Schätze der Thraker" zeugen vom hohen kulturellen Stand dieses Volkes, das vor Jahrtausenden das bulgarische Gebiet besiedelte. Viele der entdeckten Gefäße sind aus reinem Gold, fein gearbeitet und kunstvoll verziert.

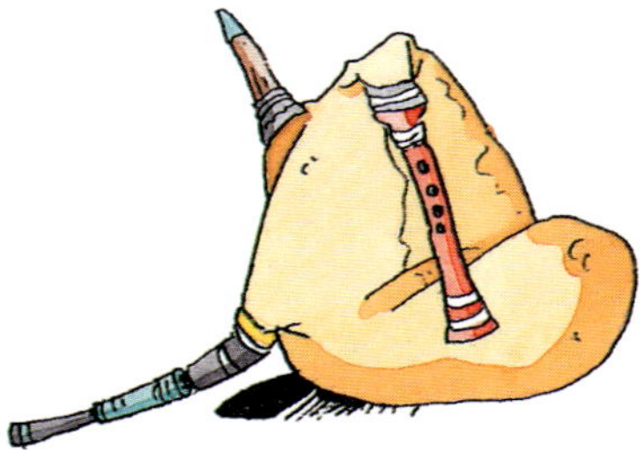

▲ Der Dudelsack ist ein wichtiges Instrument in der bulgarischen Volksmusik. In der Volksmusik sind die Rollen klar verteilt: Männer spielen die Instrumente und die Frauen singen.

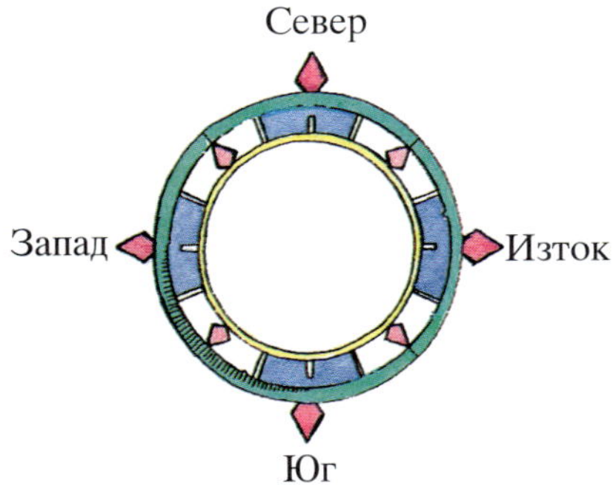

Bulgarien

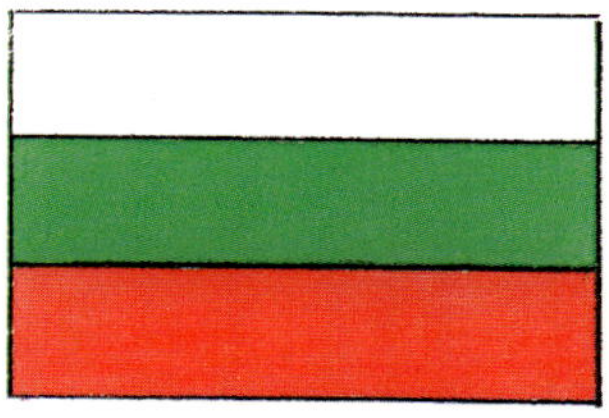

Bulgarien liegt auf der Balkanhalbinsel. Auf 500 Kilometer Länge bildet die Donau im Norden die natürliche Grenze zu Rumänien, im Osten grenzt das Land an das Schwarze Meer. Die Bulgaren gelten als sehr gastfreundlich. Das wissen auch die Urlauber zu schätzen. Vor allem die breiten Strände und die milden Sommer am Schwarzen Meer locken sie ins Land. In 16 Mittel- und Hochgebirgen kann man wandern, Wintersport treiben oder sich an einer der vielen Heilquellen erholen. Das Balkangebirge, das der ganzen Halbinsel den Namen gab, birgt geheimnisvolle Höhlen. Im Rilagebirge gibt es die höchsten Gipfel Bulgariens und über 200 klare Hochgebirgsseen. Die Rhodopen sind dicht bewaldet und vom Klima her ausgesprochen mild. Der Tourismus ist eine wichtige Einnahmequelle für Bulgarien, denn fast 50 Jahre Kommunismus brachten große wirtschaftliche Probleme. Seit Beginn der 90er Jahre orientiert sich das Land an der Europäischen Union. Dorthin exportiert es vor allem landwirtschaftliche Produkte wie Wein, Obst, Gemüse und verschiedene Pflanzenöle.

Fläche: 110 994 km²
Einwohner: 8 900 000
Hauptstadt: Sofia
Amtssprache: Bulgarisch
Hauptreligionen: bulgarisch-orthodoxe Christen, Muslime
Währung: 1 Lew = 100 Stótinki
Wichtigste Flüsse: Donau, Iskâr
Höchste Erhebung: Musala (2925 m)

◀ In einem engen, bewaldeten Talkessel des Rilagebirges liegt das Rilakloster. Schon immer pflegten seine Mönche einen engen Kontakt zum Volk und halfen, wenn sie konnten. Daneben war das Kloster lange Zeit ein Zentrum bulgarischer Malerei und Literatur. Heute können hier viele Kunstschätze besichtigt werden.

▼ Das „Tal der Rosen“ südlich vom Balkangebirge ist im Mai und Juni ein Meer von Rosen. Dann werden die Blüten noch vor Sonnenaufgang geerntet, damit ihr Duft vollkommen erhalten bleibt. Nur so kann man das begehrte Rosenöl daraus herstellen. Für ein Kilogramm Rosenöl sind 3000 bis 4500 Kilogramm Blüten nötig.

▲ Die Stadt Belogradčik ist umgeben von bizarren Felsen, die bis zu 200 Meter hoch sind und Namen tragen wie „Nonne“, „Kuckuck“, „Löwe“ oder „Bär“. Im Schutz der Felsen entstand zunächst eine römische Burg und später eine türkische Festung, die sich zwischen den Felstürmen ausbreitet.

◀ Holzschnitzerei hat in Bulgarien eine lange Tradition. Vor allem Motive aus der Natur werden im so genannten feinen „Flachschnitt“ geschnitzt. Früher schmückten die Menschen damit Wände und Decken ihrer Häuser und Kirchen, aber auch Truhen und Kinderwiegen.

▼ Inmitten des Balkangebirges liegt der Schipkapass. Hier schlugen 1878 bulgarische und russische Truppen die Türken in die Flucht. Zur Erinnerung stehen noch Kanonen auf dem Schipkapass.

▲ Plowdiw, die „Stadt der sechs Hügel“, besitzt eine sehenswerte Altstadt. Die zwei- oder dreistöckigen Häuser mit farbenprächtigen Fassaden, Erkern und geschnitzten Dächern sehen wie kleine Schlösser aus.

▲ In dieser Tracht ziehen junge Burschen in den ersten Stunden des neuen Jahres singend von Haus zu Haus. Sie klopfen jedem mit einem geschmückten Kornelkirschenzweig auf den Rücken und wünschen ihm Gesundheit, langes Leben und Erfolg.

▼ „Goldstrand“ oder „Sonnenstrand“ heißen die Badeorte am Schwarzen Meer. Strandkörbe werden vermietet und Sportmöglichkeiten angeboten.

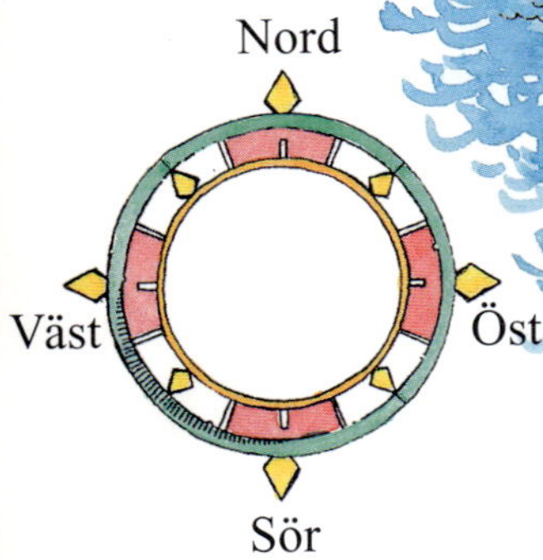

◀ Die Wikinger kamen auf ihren Fahrten weit herum und hinterließen in Dänemark viele Spuren, zum Beispiel Ringburgen, Begräbnisstätten und Schiffe. Alljährlich finden Wikinger-Spiele und Wikinger-Märkte statt, und wer Lust hat, kann sogar für ein paar Tage leben wie die Wikinger.

▶ Dänemark ist ein Königreich. Das sieht man auch an der Krone im Wappen, das jeden dänischen Briefkasten ziert.

Dänemark

Dänemark, das Land der Wikinger, bildet eine Landbrücke zwischen Mittel- und Nordeuropa. Dieser Brücke folgen nicht nur die großen Verkehrswege, sondern auch die Zugvögel. Für den Seeverkehr sind die schmalen Meeresstraßen wichtig, die die Nordsee mit der Ostsee verbinden. Die Halbinsel Jütland nimmt ungefähr die Hälfte der Landesfläche ein, der Rest besteht aus etwa 500 bewohnten und unbewohnten Inseln. Außerdem gehören die Färöer Inseln und Grönland zu Dänemark, sie verwalten sich allerdings selbstständig. Früher stellte das Land vor allem landwirtschaftliche Produkte wie Käse, Eier und Schinken her. Heute haben sich auch allerlei Industriezweige entwickelt. Wichtig ist in Dänemark nach wie vor die Fischerei. Dünenlandschaften, Badestrände und nicht zuletzt Dänemarks Hauptstadt machen das Land für den Fremdenverkehr attraktiv. Hier in Kopenhagen erinnert auch noch einiges an den großen dänischen Märchenerzähler Hans Christian Andersen.

Fläche: 43 094 km^2
Einwohner: 5 200 000
Hauptstadt: Kopenhagen
Amtssprache: Dänisch
Hauptreligion: Evang.-Lutheraner
Währung: 1 Dänische Krone = 100 Øre
Wichtigste Flüsse: Gudenå, Storå
Höchste Erhebung: Yding Skovhøj (173 m)

▼ Eines der Wahrzeichen Kopenhagens ist die Figur der Kleinen Meerjungfrau, die an das gleichnamige Märchen von Hans Christian Andersen erinnert.

▼ Radwege und Fahrräder gehören zum alltäglichen Straßenbild in Kopenhagen. Man kann sogar kostenlos Fahrräder ausleihen.

▼ Der gesamte Muschelschmuck des Museumshauses von Alfred Pedersen auf Jütland stammt aus der Nordsee. 25 Jahre dauerte es, bis dieses Meeresschloss vollendet war.

▼ An Dänemarks Küsten hat der Wind viele Sanddünen aufgehäuft. Hier kann man wandern, herumtollen oder auch „Wikinger" spielen.

▶ Der weltberühmte Kopenhagener Vergnügungspark Tivoli wurde schon 1843 eröffnet. Er ist während der ganzen Sommersaison geöffnet. In der Adventszeit wird ein Teil des Parks in einen Weihnachtsmarkt verwandelt.

▲ In Billund auf Jütland werden seit 1934 unter dem Namen „Lego“ die berühmten Bausteinchen hergestellt. Heute befindet sich dort auch der Vergnügungspark Legoland, in dem eine ganze Welt aus Legosteinen aufgebaut ist. Das Wort „Lego“ ist eine Kurzform von dänisch „leg godt“ und bedeutet „Spiel gut!“.

▶ In Dänemark weht meistens Wind. Dies hat man sich zunutze gemacht und an vielen Stellen Windräder aufgestellt. Mit ihrer Hilfe wird umweltfreundlich Energie gewonnen.

▼ Eines der ältesten deutschen Gedichte besingt das Mädchen Loreley, das auf einem Felsen hoch über dem Rhein sitzt und die Fischer ins Verderben lockt. Diesen Felsen gibt es tatsächlich bei der Stadt Sankt Goarshausen. Er ist 132 Meter hoch.

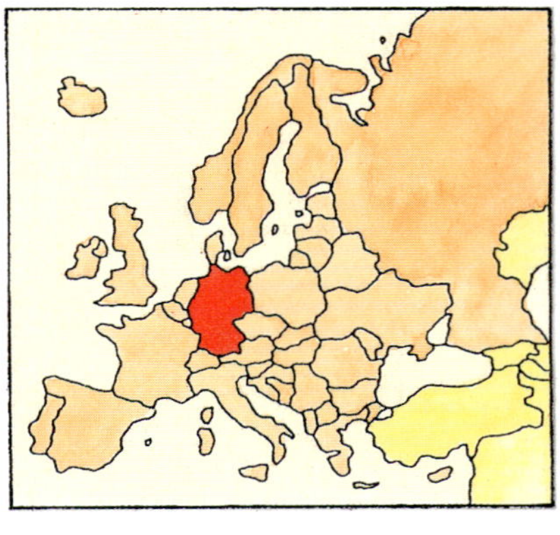

Deutschland

Deutschland ist ein hoch entwickelter Industriestaat in der Mitte Europas. Autos und andere Fahrzeuge, Elektro- und Haushaltsgeräte werden in alle Welt exportiert. In so genannten Ballungsgebieten hat sich besonders viel Industrie angesiedelt. Am größten ist das Ruhrgebiet, das im Zusammenhang mit dem Kohlebergbau industrialisiert wurde. Viele Industriebetriebe haben die Umwelt jedoch stark belastet, weshalb in Deutschland strenge Umweltgesetze erlassen wurden. Die Bundesrepublik Deutschland gibt es in ihrer heutigen Form erst seit 1990. Nach dem Zweiten Weltkrieg wurde das zuvor bestehende Deutsche Reich in zwei Staaten geteilt: die Bundesrepublik Deutschland im Westen und die kommunistische Deutsche Demokratische Republik (DDR) im Osten. Erst 1990, nach dem Zusammenbruch des Kommunismus in Europa, konnte Deutschland sich wieder vereinigen. Es besteht jetzt aus 16 Bundesländern. Im Norden grenzt Deutschland an die Nord- und Ostsee. In der Mitte des Landes gibt es viele Mittelgebirge und ganz im Süden das Hochgebirge der Alpen. Die deutsche Sprache hat so viele Mundarten und Dialekte, dass eine Verständigung zwischen Menschen aus verschiedenen Regionen manchmal gar nicht so einfach ist.

Fläche: 356 979 km²
Einwohner: 82 000 000
Hauptstadt: Berlin
Amtssprache: Deutsch
Hauptreligionen: Evang.-Lutheraner, Katholiken
Währung: 1 Deutsche Mark = 100 Pfennig
Wichtigste Flüsse: Rhein, Elbe
Höchste Erhebung: Zugspitze (2 962 m)

▲ In Rothenburg ob der Tauber kann man sich ins Mittelalter zurückversetzen. Die aus einer Grafenburg entstandene Stadt oberhalb des Flusses Tauber hat sich ihr mittelalterliches Stadtbild bewahrt. Die Stadtmauer ist fast vollständig erhalten und kann bestiegen werden.

▲ Eine der vielen Attraktionen der bayerischen Landeshauptstadt München ist das Oktoberfest. In München selbst wird das Fest als „Wies'n“ bezeichnet, da die vielen Karussels, Buden und Bierzelte auf der Theresienwiese aufgestellt werden. Millionen Touristen aus aller Welt kommen Jahr für Jahr zu diesem größten Volksfest der Welt. Zum ersten Mal fand es im Jahre 1810 statt.

◀ Glasbläsereien gibt es zum Beispiel im Bayerischen und im Thüringer Wald. Mit dem Mund werden aus einer flüssigen Glasmasse Tiere, Christbaumschmuck, Vasen und sogar künstliche Menschenaugen geblasen. In manchen Werkstätten kann man den Glasbläsern bei ihrer Arbeit zuschauen.

▼ Das Brandenburger Tor teilte von 1945 bis 1989 Berlin in die Hauptstadt der damaligen DDR und in Westberlin, das zur Bundesrepublik gehörte. Heute kann man ungehindert durch dieses Wahrzeichen von Berlin schlendern. Zur Feier der Wiedervereinigung finden hier regelmäßig Feste statt.

▲ Man nimmt an, dass vor etwa 4000 Jahren am Bodensee Menschen in Dörfern aus Pfahlbauten lebten. Die Häuser standen zum Schutz gegen Hochwasser, Tiere und Überfälle auf Pfählen. Im Pfahlbaumuseum in Unteruhldingen kann man nachgebaute Hütten und Fundstücke aus jener Zeit besichtigen.

▲ Der bayerische König Ludwig II. ließ 1869 den Bau von Schloss Neuschwanstein bei Füssen im Allgäu beginnen. Bei seinem Tod im Jahre 1886 war erst ein Drittel vollendet. Heute ist es das meistbesuchte Schloss Deutschlands. An manchen Tagen kommen 12000 Touristen in das „Märchenschloss“.

▶ Die Gebrüder Grimm sammelten im 19. Jh. deutsche Märchen. Eines davon handelt von den Bremer Stadtmusikanten, die durch ihr gemeinsames „Singen“ Räuber in die Flucht schlugen.

▲ Die Sorben sind eine Minderheit im Osten Deutschlands. Sie gehören zur Volksgruppe der Westslawen und wanderten im 6. Jh. ein. Ihre Sprache und Bräuche haben sich im Spreewald und in der Lausitz bis heute erhalten.

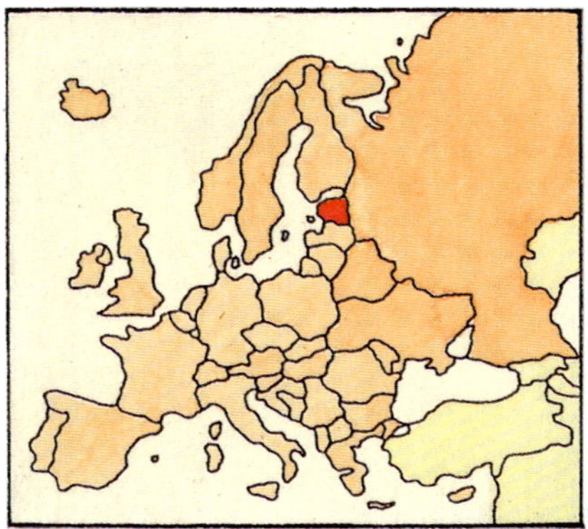

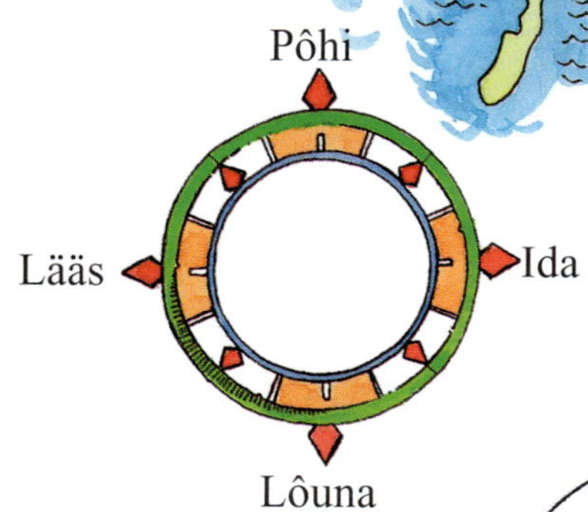

◄ In der Stadt Tartu steht am Rathausplatz Nr. 18 der „Schiefe Turm von Tartu". Dieses Haus hat sich durch eine Senkung des Grundwassers zur Seite geneigt. Es wurde restauriert, um eine Kunstausstellung darin einzurichten.

Fläche: 45 227 km²
Einwohner: 1 600 000
Hauptstadt: Tallinn
Amtssprache: Estnisch
Hauptreligionen: Lutheraner, Russisch-Orthodoxe, Katholiken
Währung: 1 Estnische Krone = 100 Senti
Wichtigste Flüsse: Narva, Ema
Höchste Erhebung: Munnaberg (318 m)

Estland

Estland wird auch das „Land der klingenden Stimmen“ genannt. Die Menschen sind sehr musikalisch und feiern regelmäßig große Sängerfeste. Alle fünf Jahre finden in Tallinn die größten Feste mit zehntausenden von Sängern statt. Estland war 200 Jahre lang in russischer Abhängigkeit. Erst 1991 wurde es ein selbstständiger Staat.

Zusammen mit Lettland und Litauen bildet Estland das Baltikum. Dieser Name leitet sich von der Bernsteininsel „Baltia“ ab. An den langen Sandstränden der Ostsee kann man noch heute Bernstein finden. Die estnische Sprache ist mit dem Finnischen verwandt und wird das „Italienisch des Nordens“ genannt, weil sie wie das Italienische so viele Selbstlaute hat.

▲ In großen Kraftwerken wird Ölschiefer verheizt und in elektrische Energie umgewandelt. Viele Fabrikanlagen sind veraltet und umweltschädliche Schadstoffe gelangen in die Luft.

▲ Tallinn, die Hauptstadt Estlands, hat einen vollständig erhaltenen mittelalterlichen Stadtkern. Die ehemalige Ordensburg ist heute Regierungs- und Parlamentssitz der Republik.

▲ Zum 1782 erbauten Gutshaus Palmse gehört ein großer Landschaftspark.

▼ „Bockmühlen“ werden die Windmühlen hier genannt. Sie stehen auf fest zusammengefügten Steinhaufen. Einige der Mühlen sind heute Museen, in denen manchmal für die Besucher sogar noch Korn gemahlen wird.

▲ Finnland gilt als „Land der tausend Seen". In Wirklichkeit sind es allerdings über 55 000 Seen – mit fast ebenso vielen Inseln zwischendrin. Wenn man alle Uferlinien Finnlands zusammenzählt, würde die Gesamtlänge mehrere Male um den Erdball reichen.

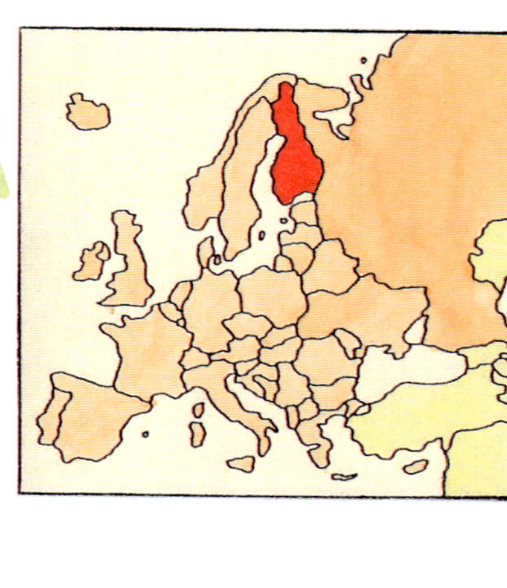

Finnland

Finnland gehört wie Norwegen und Schweden zur Halbinsel Skandinavien. Das Land ist eben und erreicht nur im Nordwesten Höhen bis zu etwa 1300 Meter. In diesen Gegenden unwegsamer Gebirgstundra leben Rentiere und Elche. Auch die Lappen oder Samen, die als Ureinwohner des Landes gelten, sind hier zu Hause. Obwohl die Samen ihre volkseigene Tradition pflegen, verdienen immer weniger von ihnen ihr Geld mit der Rentierzucht. Manche verkaufen Rentierfelle und Kunsthandwerk an Touristen. Viele suchen sich andere Berufe. Die finnischen Winter sind lang und streng, so dass der Auto- und Schiffverkehr manchmal lahm liegt. Im Sommer ist die Sonne im Norden tagelang zu sehen. Im Süden steht sie bis zu 20 Stunden über dem Horizont. Dies ist die Mittsommerzeit.

Da 80 Prozent der Landesfläche mit Wald bedeckt sind, gibt es Holz in Mengen. Die Baumstämme werden zu Flößen gebunden und über die zahlreichen miteinander verbundenen Seen und Flüsse transportiert. Mehrere Hundert Betriebe im Land verarbeiten das Holz zu Papier, Pappe, Zellstoff oder Möbeln.

Holz dient auch zur Einrichtung der typisch finnischen Sauna. Diese in Finnland beliebte Schwitzstube hat längst auch in anderen Ländern Einzug gehalten.

▶ Neben Rentierschlitten, Motorschlitten und Skiern sind im Winter Hundeschlitten ein willkommenes Fortbewegungsmittel. Huskies, die starken Schlittenhunde, ziehen Besucher auf Wunsch auch zum legendären Berg Korvatunturi, an dem der Weihnachtsmann seine Heimat haben soll.

▼ Der Bär gilt als König der finnischen Wälder und ist sozusagen das National-Tier. Wegen der kühlen Klimazone dauert die Ruhezeit, die er ganz im Winterlager verbringt, mehr als ein halbes Jahr.

▲ In Lappland brach Anfang des Jahrhunderts der Goldrausch aus. Noch heute kann man sich hier als Goldwäscher versuchen.

▶ Zu Ehren des großen finnischen Komponisten Sibelius schuf die Bildhauerin Eila Hiltunen aus Stahl dieses Denkmal, das in Helsinki steht.

▲ Die Lappen oder Samen, die in Finnisch-Lappland leben, tragen an Festtagen und zum Kirchgang noch häufig ihre farbenfrohen Trachten. Im Sami-Freilicht-museum kann man ihre Geschichte kennenlernen.

▼ Seit 1993 gibt es in Naantali die Muminwelt. Hier sind leibhaftige Mumins, das Hemulenhaus, der Flüsternde Wald und das Hexen-labyrinth zu sehen.

▲ Die Schären im Südwesten Finnlands entstanden am Ende der Eiszeit.

◀ Die Höhle von Lascaux enthält zahlreiche Felsmalereien aus der Steinzeit.

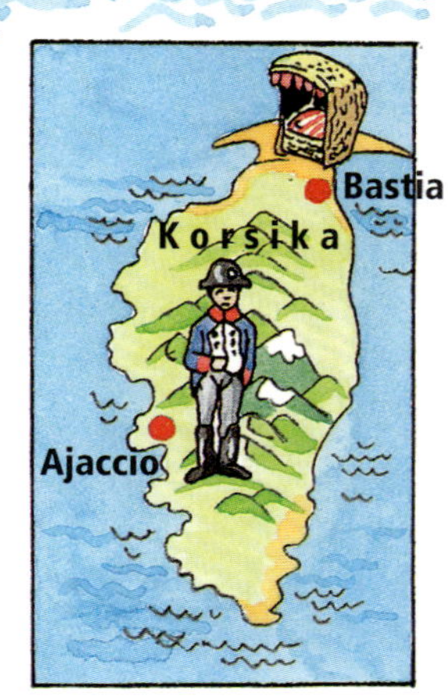

Frankreich

Franzosen gelten als Genießer. Die französische Kochkunst ist weltberühmt. Paris, die Hauptstadt Frankreichs, gilt als Zentrum von Kunst und Mode. Etwa ein Fünftel der Gesamtbevölkerung des Landes leben in Paris und seiner Umgebung. Paris ist die größte europäische Hauptstadt. Die Île de France, das Gebiet rund um Paris, gilt als Kornkammer Frankreichs. Und auch die Wirtschaft hat bis auf wenige Ausnahmen ihren Schwerpunkt in diesem Landesteil. Frankreich gehört zu den bedeutendsten Industrieländern der Welt.

Besonders wichtige Bereiche sind Stahlerzeugung sowie die Fahrzeug- und Luftfahrtindustrie.
Frankreich ist der größte Erzeuger landwirtschaftlicher Produkte in ganz Westeuropa. Vor allem bei der Herstellung von ausgezeichneten Weinen nimmt es nach Italien die führende Rolle in Europa ein. Die Weine werden in die ganze Welt verkauft.
Touristen schätzen das Land wegen seiner historischen Sehenswürdigkeiten, seiner Wintersport- und Badegebiete und nicht zuletzt wegen seiner Hauptstadt Paris.

Fläche: 543 965 km²
Einwohner: 58 000 000
Hauptstadt: Paris
Amtssprache: Französisch
Hauptreligion: Katholiken
Währung: 1 Französischer Franc = 100 Centimes
Wichtigste Flüsse: Loire, Seine
Höchste Erhebung: Montblanc (4807 m)

▶ Als berühmter Franzose ging Napoleon Bonaparte in die Geschichte ein. Er war zunächst ein einfacher Soldat aus Korsika, eroberte als Feldherr große Teile Europas und krönte sich schließlich selbst zum Kaiser. In der Schlacht von Waterloo wurde er 1815 von den Preußen und Engländern besiegt.

▲ Das Schloss Ussé mit seinen vielen Türmchen soll dem Märchendichter Charles Perrault als Vorbild für sein Märchen „La belle au bois dormant“ (Dornröschen) gedient haben. Wie eine Unzahl weiterer, ganz verschiedenartiger Schlösser und Burgen steht es im Tal des Flusses Loire.

▲ In Frankreich und vor allem rund um Paris gibt es eine Reihe von Vergnügungsparks für Kinder. Am bekanntesten ist Disneyland-Paris, der einzige Disney-Park in Europa.

▲ Die Côte d’Azur mit ihren Badestränden, Buchten und Häfen lädt nicht nur zum Baden und Wassersport ein. Auch Künstler fühlten sich von dieser Gegend stets angezogen. In Cannes finden alljährlich Filmfestspiele statt, an denen zahlreiche Berühmtheiten aus Film und Fernsehen teilnehmen.

▲ In dem Kinderlied „Sur le pont d’Avignon“ wird die Brücke von Avignon besungen. Die Brücke wurde um 1200 nach Christus erbaut, steht aber seit 1669 nur noch zur Hälfte.

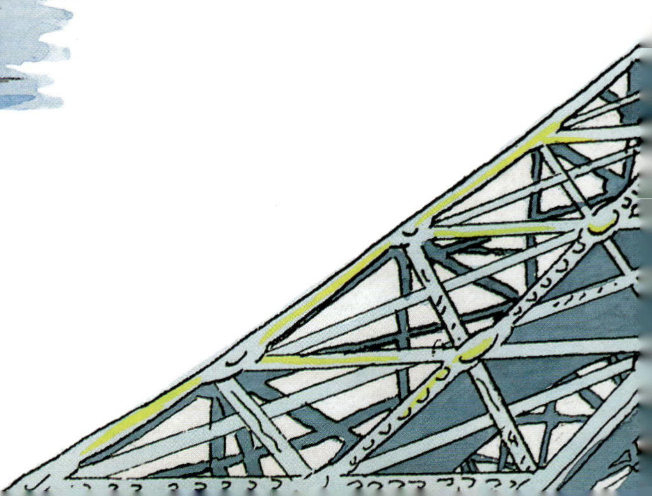

▲ In Arles und Nîmes sind noch Arenen aus der Römerzeit erhalten. In diesen riesigen Theatern werden heute Stierkämpfe vorgeführt.

▲ Auf der Felseninsel des Mont-Saint-Michel liegt eine Abtei, die schon vor über 1000 Jahren gegründet worden ist. Sie wirkt wie eine Burg. An dieser Stelle des Atlantik ändert sich der Wasserspiegel durch die Gezeiten so stark, dass man den Berg bei Ebbe zu Fuß umrunden kann, wogegen er bei Flut vollkommen von Wasser umspült ist.

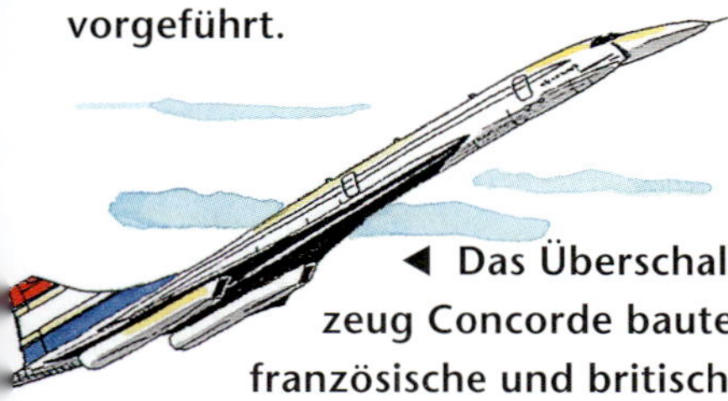

◀ Das Überschallflugzeug Concorde bauten französische und britische Firmen gemeinsam. Es ist als Passagierflugzeug so schnell, dass man von Paris nach New York nur knapp vier Stunden braucht.

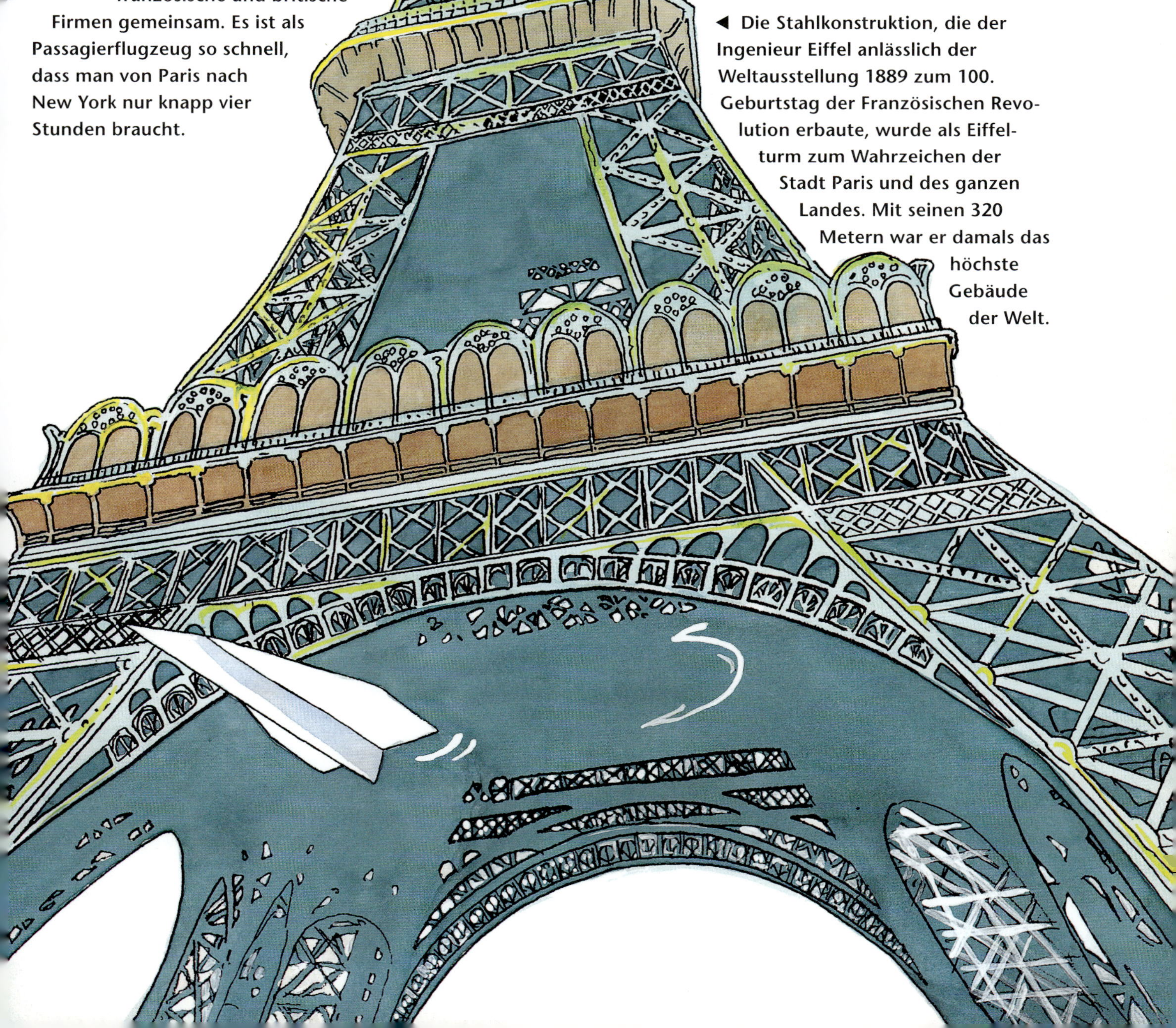

◀ Die Stahlkonstruktion, die der Ingenieur Eiffel anlässlich der Weltausstellung 1889 zum 100. Geburtstag der Französischen Revolution erbaute, wurde als Eiffelturm zum Wahrzeichen der Stadt Paris und des ganzen Landes. Mit seinen 320 Metern war er damals das höchste Gebäude der Welt.

▲ Über 200 Inseln bilden die Inselgruppe der „Kykladen". Zu ihnen gehören die beliebten Ferienziele Mikonos und Santorin. Die Häuser werden dort leuchtend weiß gestrichen, Fenster und Türen sind blau. Oft drängen sich die Häuser eng aneinander einen Hügel hinauf.

▲ Auf der Insel Mikonos stehen besonders viele Windmühlen. Früher wurde hier Getreide gemahlen, heute befindet sich in einigen Mühlen ein Museum oder eine Gaststätte.

Griechenland

Fast 4000 Jahre alt ist das Land der Griechen, das im Süden der Balkanhalbinsel liegt. Die griechische Kultur beeinflusste wie keine andere die Entwicklung Europas, und noch heute finden wir überall im Land Spuren jahrtausendealter Zivilisation. Diese Sehenswürdigkeiten werden von Menschen aus aller Welt besucht. Weil Griechenland außerdem ein Mittelmeerstaat mit heißen, trockenen Sommern ist, erholen sich viele Touristen an seinen Stränden. Zum Land gehören über 2000 Inseln, die wie das Festland zumeist bergig sind. In den nördlich gelegenen Gebirgen herrscht Kontinentalklima mit kalten, schneereichen Wintern, im Süden dagegen Mittelmeerklima. Dort beginnt im November der Winter mit heftigen, doch kurzen Regenfällen. Fast jeden Tag scheint einmal die Sonne. Unter solchen Bedingungen gedeihen Oliven, Wein und Weizen sehr gut. Diese Nahrungsmittel bestimmen seit alters her die griechische Landwirtschaft. Industrie spielt eine eher untergeordnete Rolle. Meist sind es kleine und mittelgroße Familienbetriebe, die Lebensmittel, Bekleidung, Schmuck oder Schiffe herstellen.

▲ Jeden Sommer finden Aufführungen im Theater von Epidauros statt. Erbaut wurde das Theater während des 4. und 3. Jh. vor Christus. 15 000 Zuschauer fanden darin Platz. Flüstern, das Rascheln eines Kleides, sogar Luftholen ist bis in die letzte Sitzreihe zu hören.

▲ Die längste Schlucht Europas befindet sich auf der Insel Kreta. Mindestens sechs Stunden braucht man, um die 18 Kilometer lange und stellenweise über 600 Meter tiefe Samariá-Schlucht zu durchwandern. Die Schlucht steht unter Naturschutz.

▶ „Akropolis" heißt „Hochstadt" und war in der Antike die auf einem Hügel gelegene Burganlage. Dorthin flüchteten alle Einwohner einer Stadt, wenn feindliche Krieger sie bedrohten. Weltbekannt ist die Akropolis von Athen. Zu diesem Wahrzeichen gehören auch mehrere Tempel. Die bedeutendsten Fundstücke der Akropolis von Athen kann man in einem Museum besichtigen.

◀ Der Kanal von Korinth verkürzt den Seeweg von der Adria nach Piräus, dem Hafen von Athen, um 325 Kilometer. Allerdings können ihn nur kleine und mittelgroße Schiffe benutzen. Viele Schiffe werden von Schleppern zwischen den steilen Wänden hindurchgezogen.

▲ Auf der ägäischen Insel Lesbos steht der „Steinerne Wald". Vor etwa 700000 Jahren gab es hier einen Vulkanausbruch. Die Bäume wurden unter einer Ascheschicht begraben und versteinerten.

▶ In der Mitte Griechenlands befinden sich die Metéora-Klöster, was soviel heißt wie „die zwischen Himmel und Erde schwebenden Klöster". Sie stehen auf manchmal über 300 Meter hohen Sandsteinfelsen. Früher konnten Waren und sogar Menschen nur in einem festen Netz hinaufgelangen, das an einem Seil mit Hilfe einer Handkurbel hochgezogen wurde. Heute führt zu vielen Metéora-Klöstern eine Straße.

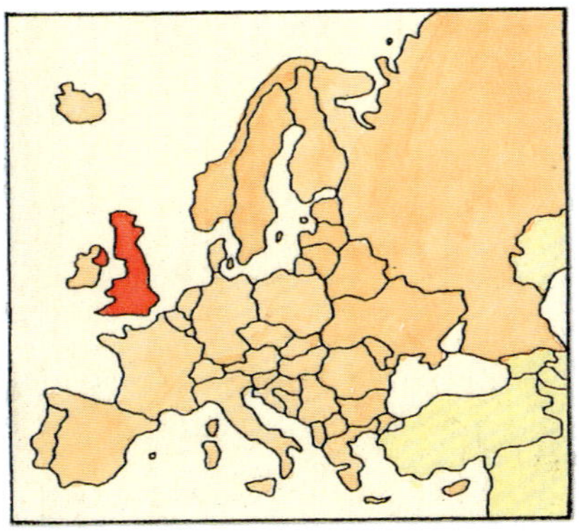

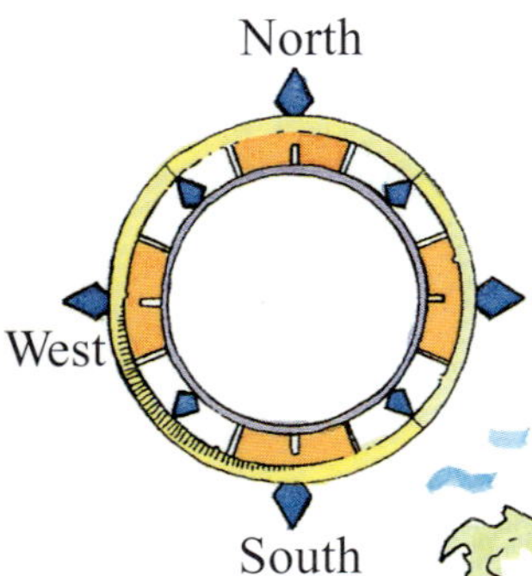

▲ Im Sherwood Forest, was soviel heißt wie „Wald von Sherwood", soll Robin Hood auf der Seite der Armen und Rechtlosen gekämpft haben.

◀ Der römische Kaiser Hadrian ließ den etwa 120 Kilometer langen Hadrianswall errichten, um feindliche Überfälle zu verhindern.

◀ In Madame Tussaud's Wachsfigurenkabinett können Figuren aus Wachs, die berühmten Persönlichkeiten täuschend ähnlich sind, aus nächster Nähe betrachtet werden. Für nervenstarke Besucher gibt es sogar ein Gruselkabinett.

Großbritannien

Gleich mit vier Nationalmannschaften darf Großbritannien um die Teilnahme bei der Fußballweltmeisterschaft spielen, denn das Königreich ist eine Union der vier Staaten England, Schottland, Wales und Nordirland. Zum Land gehören auch die Kanalinseln und die Insel Man, „Isle of Man“ genannt. Außerdem stehen noch einige Gebiete rund um die Welt unter britischer Herrschaft. So gehört auch das an der Südspitze Spaniens gelegene Gibraltar zu Großbritannien. Das Kernland selbst ist gekennzeichnet durch Gebirgs-, Moor- und Heidelandschaften. Ein Großteil der Landesfläche wird landwirtschaftlich genutzt. Die Britischen Inseln, wie man das Land im Gegensatz zum europäischen Festland auch nennt, sind reich an Brennstoffen wie Steinkohle und vor allem Erdöl und Erdgas aus der Nordsee. Seit den 80er Jahren arbeiten die Briten zunehmend in den Bereichen Satellitenübertragung, Robotertechnik und elektronische Datenverarbeitung. Zentrum dieser Wirtschaftsbetriebe und Sitz der Regierung ist die Hauptstadt London. In London residiert außerdem die Queen, die englische Königin. Ihre Residenz ist der Buckingham Palace.

Fläche: 241752 km²
Einwohner: 58100000
Hauptstadt: London
Amtssprache: Englisch
Hauptreligionen: Anglikaner, sonstige protestantische Kirchen, Katholiken
Währung: 1 Pfund Sterling = 100 Pence
Wichtigste Flüsse: Themse, Severn
Höchste Erhebung: Ben Nevis (1343 m)

▲ Früher war Großbritannien nur auf dem Luft- oder Wasserweg zu erreichen. Seit 1990 allerdings ist das Land durch einen Tunnel mit Frankreich verbunden. Da er unter dem Meeresboden des Ärmelkanals (auf Englisch: „channel") hindurchführt, nennt man diesen Tunnel „chunnel".

▲ Großbritannien ist reich an Schlössern und Burgen. Vor allem in Schottland, wo die Menschen zu feierlichen Anlässen noch ihre Tracht tragen, stehen viele der alten Gemäuer. Die Männer tragen zu besonderen Anlässen einen karierten Schottenrock. In anderen Ländern wird der Schottenrock von Frauen getragen.

▼ 1894 wurde die Tower Bridge, das Wahrzeichen Londons, über den Fluss Themse erbaut. Ihr Mittelteil kann hochgeklappt werden, um große Schiffe passieren zu lassen.

▲ In einem von Schottlands zahlreichen Seen, dem Loch Ness, soll das Seeungeheuer Nessie hausen. Immer wieder behaupten Leute, es gesehen zu haben.

▲ Laut, bunt und lebhaft geht es in den Straßen der Hauptstadt London zu. Einer der verkehrsreichsten Plätze ist der berühmte Piccadilly Circus. Die roten Doppeldeckerbusse fallen besonders auf. Auf den Straßen Großbritanniens muss man vorsichtig sein, denn hier herrscht Linksverkehr.

▲ In der Nähe von Salisbury liegt Stonehenge, ein geheimnisvoller Ring aus riesigen Steinen, die wohl vor mehr als 4000 Jahren aufgestellt worden sind. Trotz zahlreicher Vermutungen ist die Bedeutung dieses Steindenkmals bis heute ein Rätsel geblieben.

▲ An der Westküste der abwechslungsreichen Landschaft Cornwalls steht die Burgruine Tintagel. Hier soll der legendäre König Artus mit seinen Rittern der Tafelrunde gelebt haben.

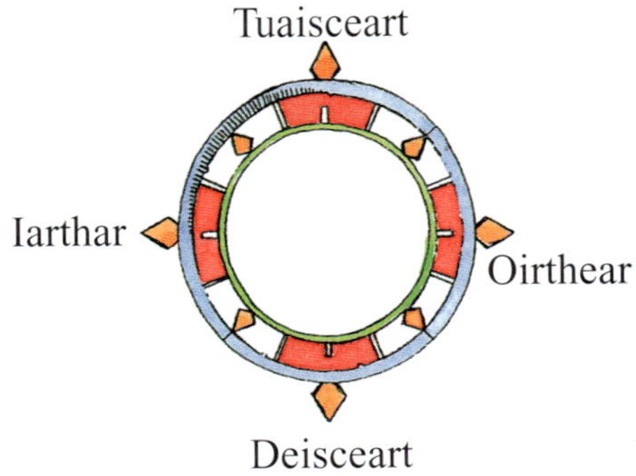

▲ Irische Folk Musik mit Geige, Akkordeon, Flöte und Gitarre ist weit über die Landesgrenzen hinaus berühmt. Vor allem in den typisch irischen Bier-Kneipen, den Pubs, wird gerne musiziert und gesungen.

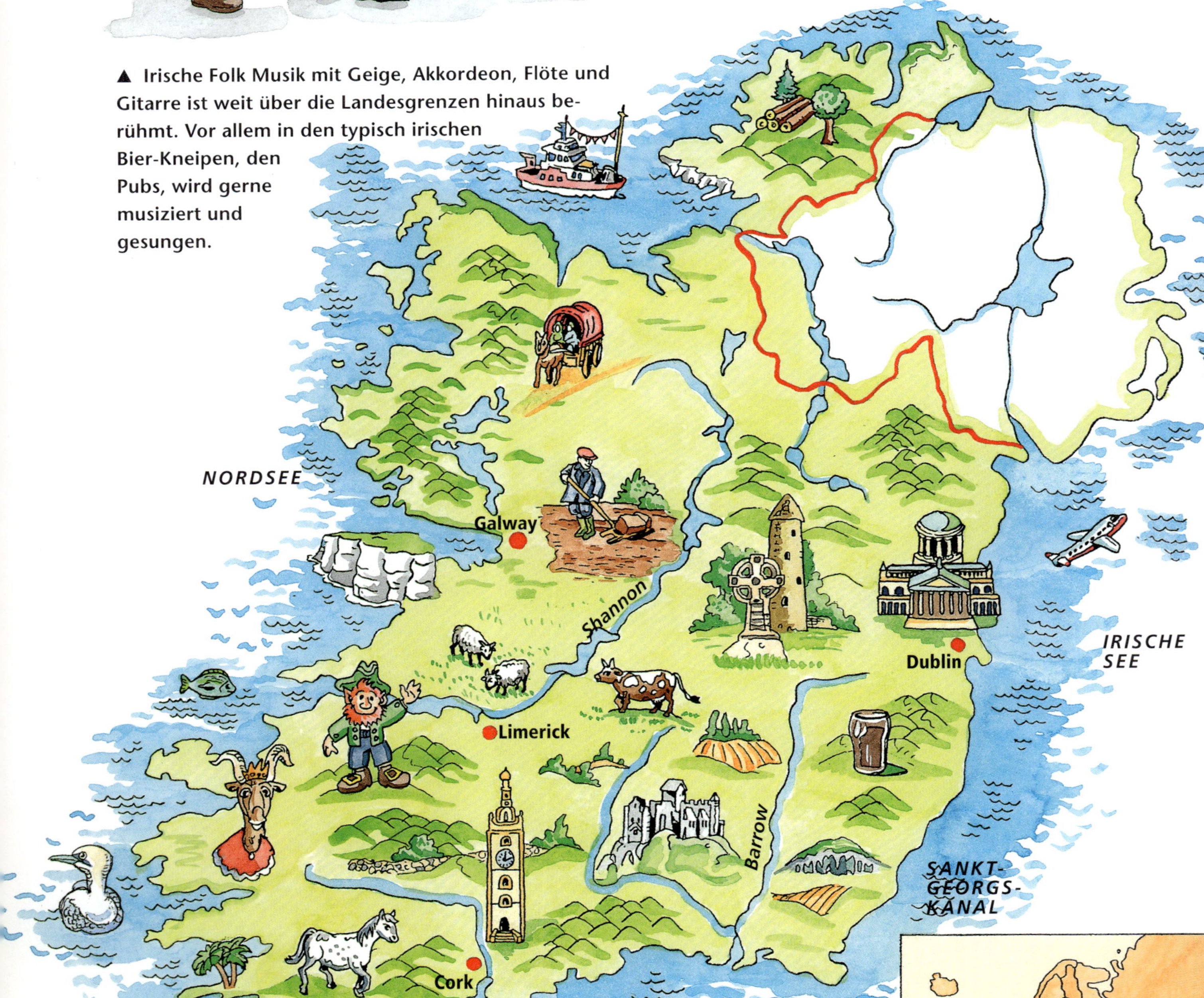

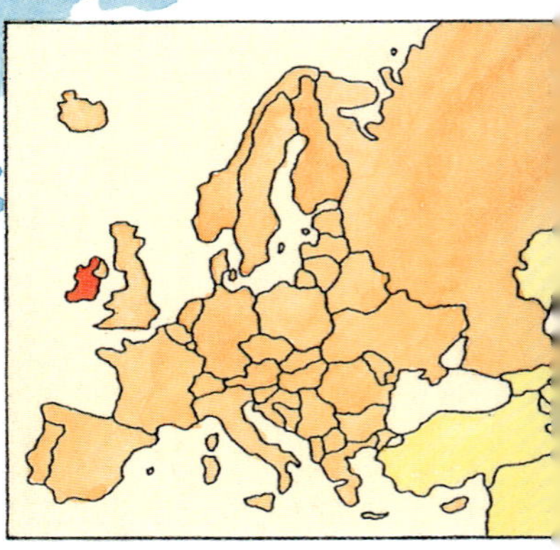

Irland

Weil es in Irland viel regnet, ist das irische Gras saftig grün. Dieses Gras verlieh Irland den Beinamen „Grüne Insel". Weil es oft regnet, gibt es viele Moore. Dem Golfstrom verdankt das Land sein recht mildes Klima. Während des Sommers fühlt man sich im Südwesten des Landes fast wie am warmen Mittelmeer.

Kein Ort auf der Insel ist weiter als 80 Kilometer vom Meer entfernt. Die vielen Wiesen und Weiden, Schafe und Rinder und die kleinen verträumten Dörfer locken Touristen aus aller Welt ins Land. Auch Burgen, Schlösser und Klöster gibt es in Irland in großer Zahl. Manche Bauwerke sind schon mehrere Jahrtausende alt. Besonders viele Spuren hat die Zeit der Kelten und des frühen Christentums hinterlassen.

Während die Republik Irland seit 1921 unabhängig ist, gehört Nordirland zu Großbritannien. Immer wieder kommt es deswegen zu heftigen Unruhen in Nordirland, besonders in der Stadt Belfast. In Irland wird Englisch und Gälisch gesprochen. Gälisch ist die ursprüngliche irische Landessprache. Sie ist unten in den Sprechblasen enthalten.

Fläche: 70 285 km²
Einwohner: 3 600 000
Hauptstadt: Dublin
Amtssprachen: Irisch, Englisch
Hauptreligion: Katholiken
Währung: 1 Irisches Pfund = 100 Pence
Wichtigste Flüsse: Shannon, Barrow
Höchste Erhebung: Carrauntoohil (1041 m)

◀ In den rot-braunen Torfmoorlandschaften leben zahlreiche Pflanzen und Tiere. Allerdings sind sie zunehmend bedroht, da die Moore getrocknet werden, um aus dem Torf Brennstoff und Dünger zu gewinnen.

▼ Die „Grüne Insel“ wird ihrem Namen gerecht: Überall findet man Wiesen, Weiden, Buschwerk, Parks und Golfplätze.

▼ Die Tinker ziehen mit ihren Wohnagen von Ort zu Ort. Der Name kommt von „tin“ = Zinn, weil sie sich früher als Zinngießer und Kesselflicker ihr Geld verdienten. Heute leben sie vorwiegend vom Lumpen- und Schrotthandel.

▶ Die Idee zum berühmten Guinness-Buch der Rekorde stammte vom früheren Chef der Bierbrauerei Guinness. Heute stellt sich die Frage, was berühmter ist: das dunkle Bier oder das Buch.

▶ Aus Limerick, der drittgrößten Stadt Irlands, stammt die Gedichtform des „Limerick". Bei diesen fünfzeiligen Unsinn-Gedichten reimen sich die erste und zweite auf die fünfte Zeile und die kürzere dritte auf die vierte Zeile.

Es war mal ein Kind, genannt Jule.
Das ging nicht gerne zur Schule.
Es sprach nur: „Mich
nervt die fürchterlich.
Ich hör lieber Musik, ganz coole."

▲ Aus Irland stammt eine Reihe berühmter Schriftsteller. Jonathan Swift beispielsweise ist der Verfasser des Romans „Gullivers Reisen".

▲ Die Eingangstüren der Häuser in Dublin leuchten in bunten Lackfarben. Außerdem fallen sie durch ihre schmuckvollen Rahmen, Bögen und blitzblank geputzten Messingtürknöpfe auf.

▼ Auf dem 70 Meter hohen Kalksteinfelsen des Rock of Cashel stehen noch heute die Reste einer Glaubensburg. Seit über 1000 Jahren wurde hier um-, auf-, neben- und übereinander gebaut.

▼ Nach altem irischem Volksglauben leben unter der Erde Feen, Elfen und Zwerge. Sie treiben mit den Menschen Schabernack.

◀ In Island gibt es eine Vielzahl kleinerer, aber auch ein paar beeindruckende große Wasserfälle. Der Wasserfall Skógafoss in Südisland hat immerhin eine Fallhöhe von 60 Metern.

▲ Die isländischen Sagas (Geschichten) wurden in viele Sprachen übersetzt, da sie ein einzigartiges Zeugnis vom mittelalterlichen Leben in Island geben. Obwohl viel erdichtet wurde, werden in den Sagas alte Ortschaften, Flüsse und Gegenden mit Namen bezeichnet, die es noch heute gibt.

Island

Island gilt als Insel aus Feuer und Eis. Der Name Island bedeutet „Eisland“, und elf Prozent der Landesfläche sind tatsächlich von Eis bedeckt. Es ist aber auch ein Land mit Vulkanen und heißen Quellen. Ganze Städte werden durch die Wärme aus der Erde beheizt. So wird die Luft nicht durch Abgase belastet. Obwohl das Land im Norden fast an den Polarkreis heranreicht, hat es ein relativ warmes Klima. Ausläufer des Golfstroms bringen nämlich warmes Meerwasser aus den Subtropen bis an den Rand des Eismeers. Viele Isländer sind in der Fischerei beschäftigt. Häufig wird auch Viehwirtschaft, vor allem Schafzucht, betrieben. Island ist ausgesprochen dünn besiedelt. Insgesamt leben auf der ganzen Insel nur so viele Menschen wie beispielsweise in der deutschen Stadt Augsburg – ungefähr die Hälfte davon alleine in der Hauptstadt Reykjavík und ihrer Umgebung. Die Bevölkerung steigt allerdings stetig an, da viele Kinder geboren werden und die Menschen hier sehr alt werden.

◀ Island gehört mit seinen etwa 200 Vulkanen zu den Gebieten der Erde mit der größten vulkanischen Aktivität. Erst 1973 versank die einzige Ortschaft der Westmänner-Inseln bei einem Vulkanausbruch unter Lavamassen – glücklicherweise konnten die Bewohner den Ort noch rechtzeitig verlassen. Der berühmteste isländische Vulkan aber dürfte Hekla sein, der im Mittelalter für den Eingang zur Hölle gehalten wurde.

◀ Auf Island gibt es unvorstellbar viele Vögel. Von den über 200 Vogelarten ist der bekannteste der hübsche, bunte Papageientaucher. Viele Millionen seiner Art leben entlang der Küste.

▲ Typisch für den Stadtkern Reykjavíks sind heiter gefärbte Dächer und moderne Bürogebäude. Der größte Teil der Häuser wurde in den letzten 40 bis 50 Jahren gebaut.

▼ Islandpferde liegen von der Größe her zwischen Ponies und Pferden. Sie sind perfekt an die landschaftlichen Gegebenheiten angepasst: Sie sind trittsicher, ausdauernd, genügsam und zuverlässig. Außerdem beherrschen sie als einzige Pferdeart die besondere Gangart „Tjöld“, bei der stets drei Füße am Boden bleiben.

▲ In den kleinen Dörfern und Städten entlang der Küste dreht sich alles um Fischfang und Fischfabriken. Hier lernen schon die Kinder fischen.

◀ Dank der großen Erdwärme gibt es in Island viele heiße Springquellen, die so genannten „Geysire“. Einer der bekanntesten ist der Geysir Strokkur, der regelmäßig alle fünf bis zehn Minuten ausbricht. Außer in Island gibt es Geysire weltweit nur noch in den USA und in Neuseeland.

▶ In Reykjavík wurde dem in Island geborenen Leifur Eiríksson, der lange vor Kolumbus Amerika entdeckte, ein großes Denkmal errichtet. Auch der internationale Flughafen in Keflavík, der erst 1987 eingeweiht wurde, ist nach ihm benannt.

▲ Alljährlich finden in Siena und Asti farbenprächtige Umzüge in mittelalterlichen Kostümen statt. Bei einem solchen „Palio“ tragen Standartenträger bunte Fahnen.

Italien

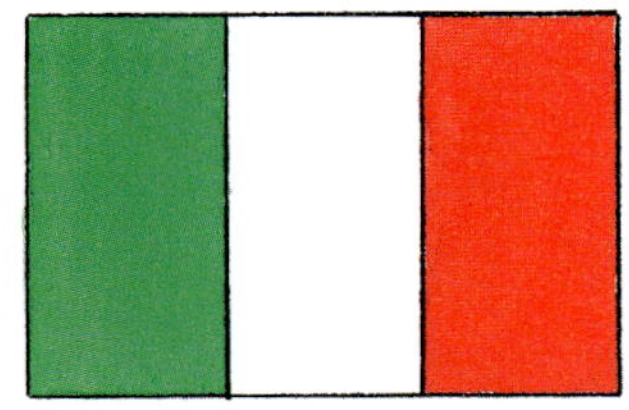

Fast überall in Europa ist die italienische Küche bekannt: Spagetti mit Parmesan und Pizzas lieben vor allem Kinder. Landwirtschaftliche Produkte wie Wein, Olivenöl und Zitrusfrüchte exportiert Italien in die ganze Welt. Genauso beliebt sind flotte Autos, schicke Schuhe und modische Kleidung aus Italien. Nicht nur des guten Essens wegen kommen viele Touristen hierher – Italien hat eine äußerst interessante Geschichte und Kultur. Überall in Italien gibt es jahrtausendealte Baudenkmäler, die an das „Römische Reich" vor 2000 Jahren erinnern.

Man findet viele unterschiedliche Landschaftsformen in Italien. Die felsigen Dolomiten gelten als eines der schönsten Gebiete in den Alpen. Gardasee und Adriatisches Meer laden zum Baden ein, die hügelige Toskana zum Wandern. Über die Halbinsel zieht sich das Apennin-Gebirge.
Wegen seiner Form wird Italien auch als „Stiefel" bezeichnet. Im Süden liegen die Inseln Sizilien und Sardinien, die wie der größte Teil Italiens bergig sind. Hier herrscht im Gegensatz zum kühleren Norden Mittelmeerklima.

Fläche: 301302 km²
Einwohner: 57200000
Hauptstadt: Rom
Amtssprachen: Italienisch, gebietsweise Deutsch und Französisch
Hauptreligion: Katholiken
Währung: 1 Italienische Lira = 100 Centesimi
Wichtigste Flüsse: Po, Tiber
Höchste Erhebung: Montblanc (4807 m)

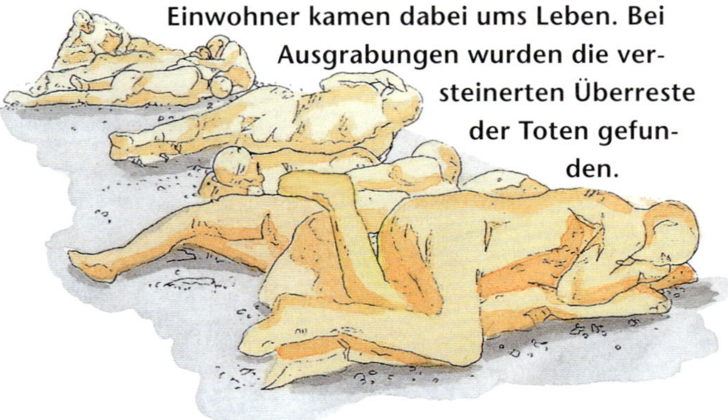

▼ Als 79 n. Chr. der Vulkan Vesuv ausbrach, wurde die Stadt Pompeji völlig von Asche bedeckt. Die meisten Einwohner kamen dabei ums Leben. Bei Ausgrabungen wurden die versteinerten Überreste der Toten gefunden.

▲ Sanfte Hügel, Weinberge, Zypressen und Bauernhäuser prägen die Landschaft der Toskana in Norditalien.

▶ Im Lago Maggiore liegt Bella Isola, die „Schöne Insel“. Auf ihr befindet sich der Borromeo-Palast.

◀ Das größte Theater der Welt ist das Kolosseum in Rom. In der Antike fanden hier Gladiatorenkämpfe und Sportwettbewerbe statt. Ungefähr 50 000 Menschen konnten zuschauen. Das Kolosseum hat vier Stockwerke. Im untersten saßen der Kaiser und seine Hofleute, im zweiten die Adligen, im dritten und vierten das „einfache Volk“. Heute ist das Kolosseum eine Ruine, die besichtigt werden kann.

▼ In Venedig gibt es anstelle von Straßen Kanäle und anstatt Autos Boote. In buntgeschmückten Gondeln lassen sich Touristen spazieren fahren. Das Zentrum von Venedig bildet der Markusplatz mit dem Dogenpalast. Darin lebte der „Doge“, wie früher der Herrscher von Venedig genannt wurde.

◀ Bereits während der „Schiefe Turm von Pisa“ im 12. bis 14. Jh. errichtet wurde, neigte er sich zur Seite. Heute hängt er so weit über, dass Einsturzgefahr besteht und der Turm für Besucher geschlossen werden musste.

▲ Der höchste noch tätige Vulkan Europas ist der Ätna auf Sizilien. Alle fünf bis sechs Jahre bricht er aus. Trotzdem siedeln sich wegen des fruchtbaren Bodens immer wieder Menschen in seiner unmittelbaren Nähe an.

◀ In Florenz führt eine überdachte Brücke über den Arno – die „Ponte Vecchio“. Seit 1593 dürfen nur noch Goldschmiede hier ein Geschäft eröffnen, nachdem die früher auf der Brücke arbeitenden Metzger mit Tierkadavern einen unbeschreiblichen Gestank verursacht hatten.

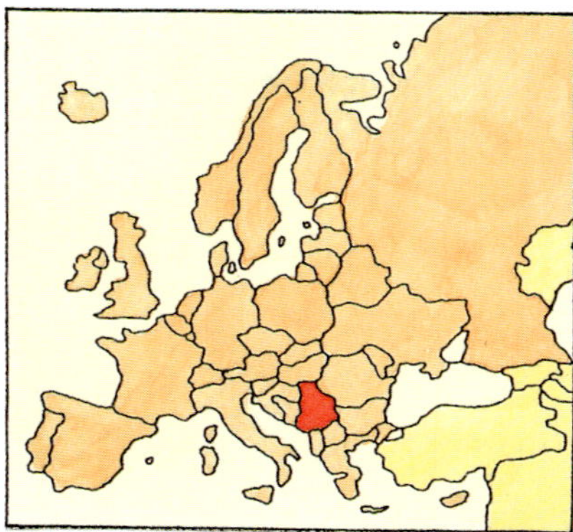

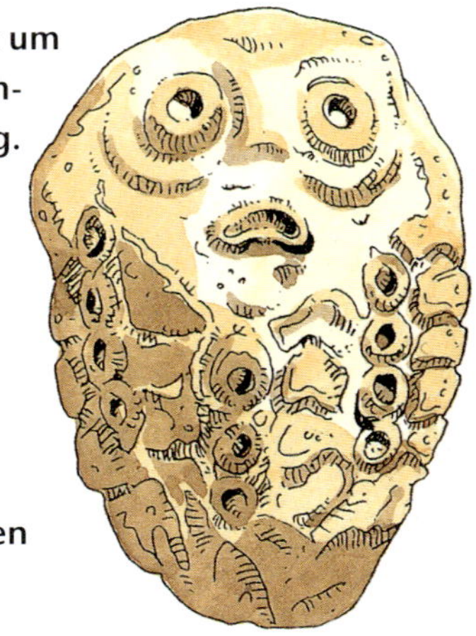

▶ Die Siedlung Lepenski Vir stammt aus der Zeit um 6000 vor Christus und gilt als prähistorische (frühgeschichtliche) Fundstätte von großer Bedeutung. Bis jetzt wurden in Europa keine vergleichbaren Funde gemacht. Im Inneren der Häuser, die alle einen trapezförmigen Grundriss haben, standen große Steinskulpturen. Sie gelten als die frühesten erhaltenen Großskulpturen Europas.

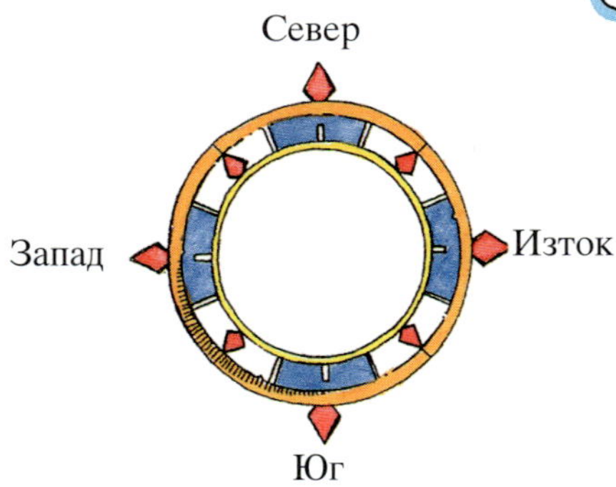

◀ Im Kloster Milesevo sind eine Reihe von Fresken (Wandmalereien) erhalten, die vermutlich im 13. Jh. von Künstlern aus Konstantinopel gemalt wurden. Besonders berühmt ist der Weiße Engel, der am Grabe Christi sitzt und die drei Frauen auf das Gewand des auferstandenen Jesus hinweist.

Jugoslawien

Jugoslawien bedeutet „Land der Südslawen“. Seit 1992 gibt es allerdings nur noch ein so genanntes Rest-Jugoslawien. Bis dahin umfasste der Staat ein viel größeres Gebiet, das aus den jetzigen Ländern Slowenien, Kroatien, Bosnien-Herzegowina, Makedonien und Rest-Jugoslawien bestand.
Zum heutigen Jugoslawien gehören die ehemaligen Teilrepubliken Serbien, Montenegro und die früher unter Selbstverwaltung stehenden Gebiete Kosovo und Vojvodina.

▼ Um 100 nach Christus ließ der römische Kaiser Trajan im so genannten „Eisernen Tor“, dem Durchbruchstal der Donau, eine Straße durch den Fels bauen. Daran erinnert die „Trajanstafel“.

▶ Bei Titograd, der Hauptstadt von Montenegro, liegt das Kloster Ostrog. Vor etwa 300 Jahren ließ es der heilige Vasilije, der als Heiler aller Krankheiten gilt, in einen steilen Felsen hineinbauen.

Fläche: 102 173 km²
Einwohner: 10 800 000
Hauptstadt: Belgrad
Amtssprache: Serbisch
Hauptreligionen: Serbisch-Orthodoxe, Katholiken, Muslime
Währung: 1 Jugoslawischer Neuer Dinar = 100 Para
Wichtigste Flüsse: Donau, Morava
Höchste Erhebung: Daravica (2656 m)

▲ Zu den Plitvicer Seen gehören 16 Seen, die durch 92 Wasserfälle miteinander verbunden sind. Das Gebiet wurde 1949 zum Nationalpark erklärt und diente als Kulisse für zahlreiche Karl-May-Filme.

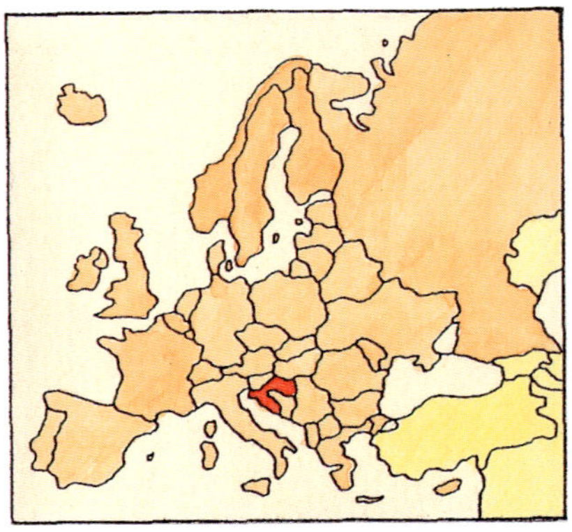

▶ Zu Kroatien gehören 1778 Kilometer Adriaküste mit 1185 vorgelagerten Inseln, Inselchen und Felsenriffen.

▶ Auf der Insel Pag tragen die Frauen eine besondere Tracht. Sie geht noch auf die Kleidung aus der Zeit um 1500 zurück.

Kroatien

Das Land Kroatien hat viele Hundert Kilometer Adriaküste. Sie reicht von der Halbinsel Istrien im Norden bis zur Bucht von Kotor im Süden. Zahlreiche große und kleine Inseln bilden hier eine einmalige Küstenlandschaft, so dass Kroatien auch „Land der tausend Inseln" genannt wird.

Seit dem Ende des Bürgerkriegs 1995 kommen zunehmend wieder Touristen in die zahlreichen Badeorte. Auch die alte Hafenstadt Dubrovnik, die im Bürgerkrieg schwer beschädigt wurde, ist heute wieder Ziel von Besuchern. Daneben bietet das Landesinnere reizvolle landschaftliche Gegensätze.

◀ **Die Karstweinberge bei Primošten sind ein Beispiel dafür, wie den steinigen Bergen äußerst mühsam landwirtschaftlich nutzbare Flächen abgerungen werden.**

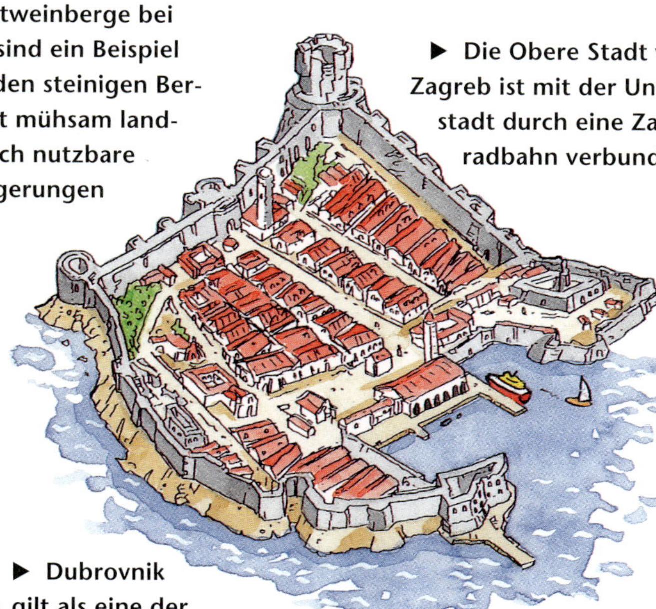

▶ **Dubrovnik gilt als eine der schönsten Städte im Mittelmeerraum. Sehenswert ist die 1940 Meter lange und sechs Meter dicke Stadtmauer.**

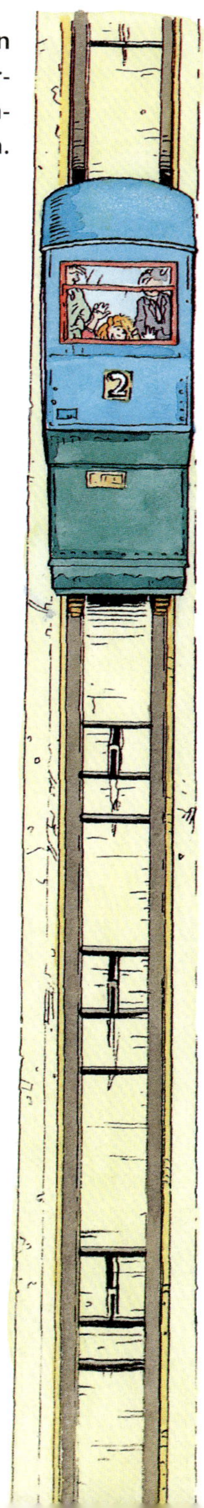

▶ **Die Obere Stadt von Zagreb ist mit der Unterstadt durch eine Zahnradbahn verbunden.**

Fläche: 56 538 km²
Einwohner: 4 800 000
Hauptstadt: Zagreb
Amtssprache: Kroatisch
Hauptreligionen: Katholiken, Serbisch-Orthodoxe
Währung: 1 Kuna = 100 Lipa
Wichtigste Flüsse: Save, Drau
Höchste Erhebung: Dinara (1831 m)

▼ Figuren aus lettischen Volksliedern wurden in zwanzig überlebensgroßen Köpfen und Darstellungen aus Naturstein gestaltet, die bei Sigulda im Gauja-Nationalpark stehen.

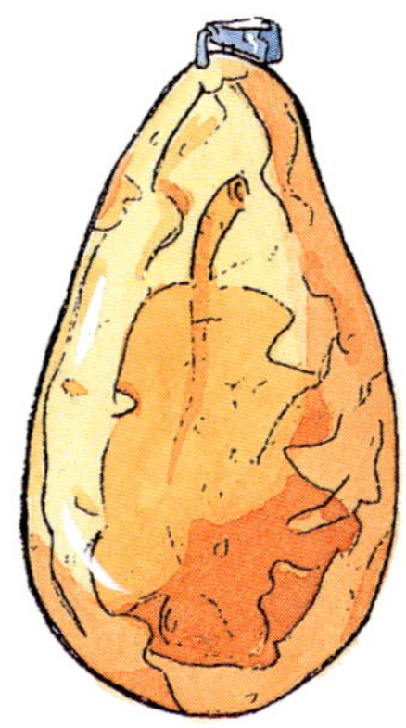

◀ „Gold des Nordens" wird der Bernstein genannt, den man mit ein wenig Glück noch heute an der Ostseeküste des Baltikums finden kann. Die gelben Steine sind 65 Millionen Jahre altes Harz von Bäumen. In einigen sind sogar noch Fliegen oder andere Insekten eingeschlossen.

Fläche: 64 600 km²
Einwohner: 2 600 000
Hauptstadt: Riga
Amtssprache: Lettisch
Hauptreligionen: Lutheraner, Katholiken, Russisch-Orthodoxe
Währung: 1 Lats = 100 Santim
Wichtigste Flüsse: Daugava, Venta
Höchste Erhebung: Gaising (311 m)

Lettland

Wie Estland und Litauen gehört auch Lettland zum Baltikum. Das heutige Staatsgebiet stand 200 Jahre lang unter der Herrschaft des russischen Zarenreiches und war später Teil der Sowjetunion. In dieser Zeit produzierte die lettische Wirtschaft vor allem solche Waren, die in der Sowjetunion gebraucht wurden. Anders als in Estland und Litauen entstand in Lettland eine leistungsstarke Industrie. So werden hier Züge, Straßenbahnen, Busse und landwirtschaftliche Maschinen hergestellt. Seit 1991 ist Lettland unabhängig und entwickelt vielfältige Beziehungen zu den Ländern Nord- und Mitteleuropas.

▲ Im 13. Jh. war Cesis die Residenzstadt des deutschen Schwertbrüderordens. Davon künden noch heute die Ruinen der Ordensburg, die im 16. Jh. vom russischen Heer eingenommen wurde.

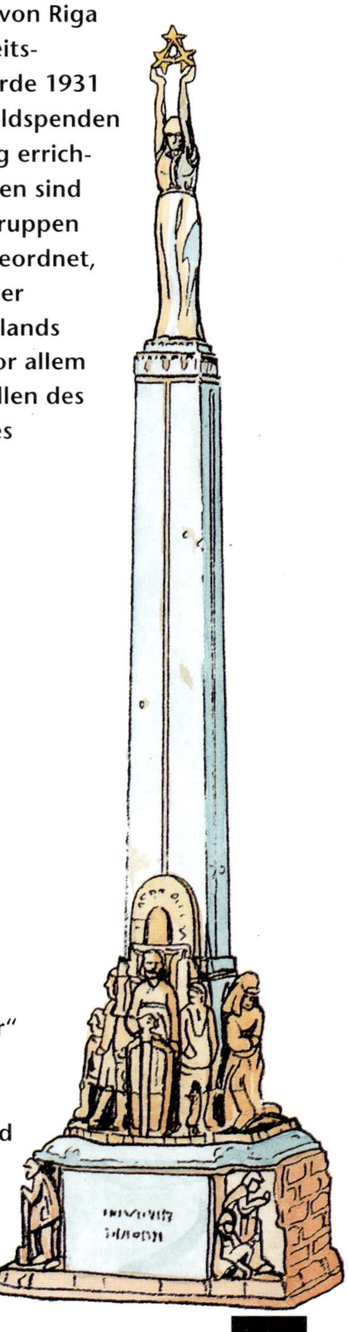

▶ Im Zentrum von Riga steht das Freiheitsdenkmal. Es wurde 1931 bis 1935 aus Geldspenden der Bevölkerung errichtet. In vier Etagen sind 13 Skulpturengruppen und Reliefs angeordnet, die Ereignisse der Geschichte Lettlands erzählen und vor allem den Freiheitswillen des lettischen Volkes ausdrücken.

◀ Nach alter Tradition wird von den Letten die kürzeste Nacht des Jahres durchgefeiert. In der „Johannisnacht“ zieht es sie hinaus aufs Land, wo überall Lagerfeuer brennen. Es wird „Johannisbier“ getrunken und „Johanniskäse“ gegessen, man springt über das Feuer und sammelt „Johannisgras“, das nur in dieser Nacht aufblüht. Und das alles bis zum Morgengrauen!

▲ Einen Blick auf fast ganz Vaduz hat der Landesfürst von seinem Schloss aus, das auf einen steilen Berghang gebaut wurde.

▼ In Liechtenstein werden heute noch Pferde und Pferdewagen in der Landwirtschaft oder zum Transport oder bei der Heuernte eingesetzt.

Liechtenstein

Auf engstem Raum vereint das Fürstentum Liechtenstein landschaftliche Gegensätze: Vom flachen, milden Rheintal geht es über Berghänge mit Wein und Alpwiesen hinauf in zerklüftete Felsgipfel der Alpen. War die landwirtschaftliche Produktion noch vor 30 Jahren für das Land von großer Bedeutung, so gehört es heute dank einer hochspezialisierten Industrie zu den reichsten Staaten der Welt. Wichtig war dafür auch die Zoll- und Währungsunion mit der Schweiz. Daneben machten günstige Steuergesetze sowie die begehrten Briefmarken das Land weltbekannt.

▲ Das Heimatmuseum in Triesenberg beherbergt alte landwirtschaftliche und handwerkliche Geräte.

▲ Nach einem alten alemannischen Brauch werden alljährlich am ersten Fastensonntag die „Funken" abgebrannt, um symbolisch den Winter zu verbrennen.

▼ Für die Überquerung des Rheins wurden im 19. Jh. überdachte Holzbrücken errichtet. Heute sind sie durch Betonbrücken ersetzt, die dem wachsenden Straßenverkehr standhalten können. Die letzte Holzbrücke steht zwischen Vaduz und Sevelen.

Fläche: 160 km^2
Einwohner: 31 000
Hauptstadt: Vaduz
Amtssprache: Deutsch
Hauptreligionen: Katholiken, Protestanten
Währung: 1 Schweizer Franken = 100 Rappen
Wichtigste Flüsse: Rhein, Samina
Höchste Erhebung: Vorder-Grauspitz (2599 m)

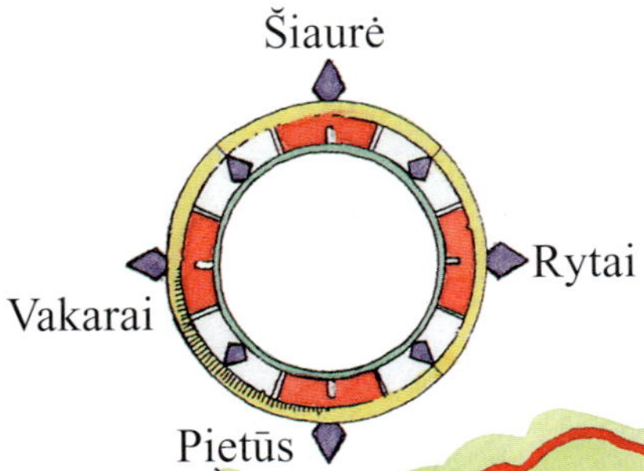

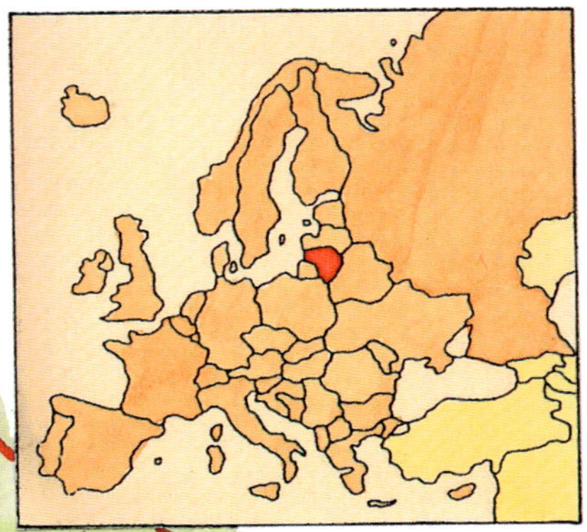

▼ Die litauische Landschaft vermittelt den Eindruck von Weite und Unberührtheit. Stundenlang kann man hier wandern oder radeln, ohne anderen Menschen zu begegnen. In den letzten Jahrzehnten wurde viel für die Tierwelt getan. So siedelte man Tiere an, die ausgestorben waren, zum Beispiel Elche, Wölfe, Luchse und Wisente.

▼ Im Mittelalter war Trakai die Hauptstadt Litauens. Fürsten bauten hier im 14. Jh. eine Burganlage auf drei Inseln, die mit der Zeit zu einer einzigen Insel zusammenwuchsen. Zu erreichen ist die Festung nur über einen Steg.

Litauen

Litauen bildet gemeinsam mit Estland und Lettland das Baltikum. Das Klima ist ziemlich rau: Die Winter können kalt werden, die Sommer sind verregnet und nicht sehr warm. Außerdem ist es sehr windig. Im Landesinneren gibt es etwa 4000 Seen, zahlreiche Moore und Wälder, aber auch fruchtbare Acker- und Weideflächen. Litauen ist meist flach, nur im Nordwesten und im Osten wird es hügelig. Landwirtschaft und Fischfang bestimmten schon immer die Wirtschaft. 1991 befreite sich Litauen aus russischer Abhängigkeit und ist seitdem ein selbstständiger Staat.

▲ Holz war in Litauen stets ein wichtiges Baumaterial, ganze Dörfer und viele Kirchen wurden daraus errichtet.

▶ Der „Schiefe Turm" von Wilna steht im Mittelpunkt der Stadt und beherbergt die Glocken der Kathedrale. In den Gruften der Kathedrale sind die Gebeine polnischer Könige und litauischer Großfürsten bestattet. Der Turm ist 52 Meter hoch, sein Glockenspiel wurde 1967 erneuert.

◀ Vor Jahrhunderten war fast ganz Litauen von Wäldern bedeckt. Im Laufe der Zeit wurden jedoch viele Bäume abgeholzt, um aus ihnen Baumaterial oder Brennstoff zu gewinnen.

Fläche: 65300 km^2
Einwohner: 3800000
Hauptstadt: Wilna
Amtssprache: Litauisch
Hauptreligion: Katholiken
Währung: 1 Litas = 100 Centas
Wichtigste Flüsse: Memel, Neris
Höchste Erhebung:
Juozapines (285 m)

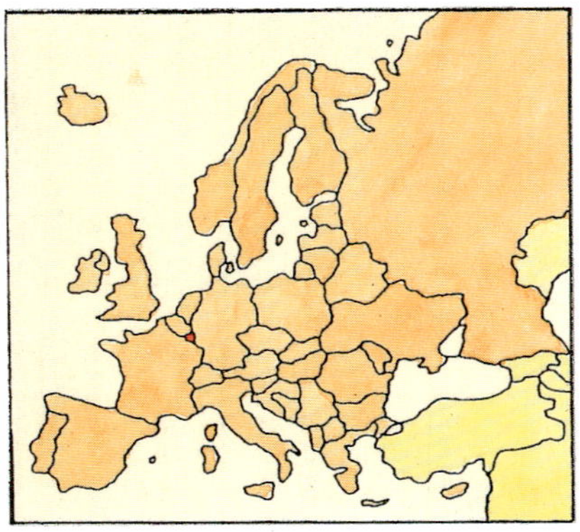

Fläche: 2586 km^2
Einwohner: 401 000
Hauptstadt: Luxemburg
Amtssprachen: Französisch, Deutsch, Letzebuergesch,
Hauptreligion: Katholiken
Währung:
1 Luxemburgischer Franc = 100 Centimes
Wichtigste Flüsse: Sauer, Alzette
Höchste Erhebung: Buurgplaatz (559 m)

▲ Bei Müllerthal befindet sich die zerklüftete Felslandschaft der „kleinen Luxemburger Schweiz" oder „Klein Zwitserland". Steile Felsen, enge Schluchten, Wälder und klare Bäche prägen die Landschaft.

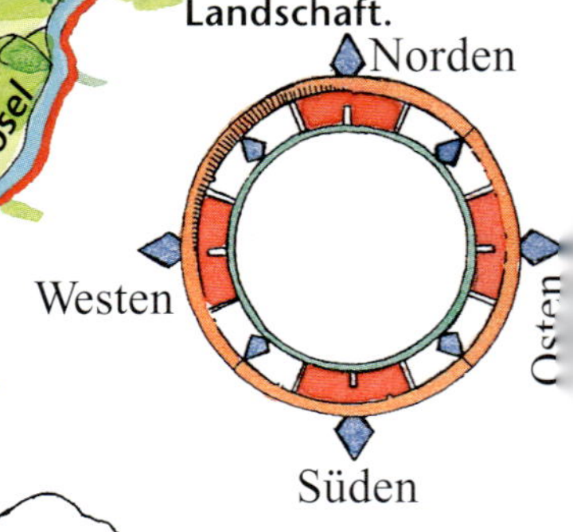

Luxemburg

Das Großherzogtum Luxemburg im Herzen Europas ist ein wohlhabender, hochindustrialisierter Staat mit Erzhütten und Stahlwerken, metallverarbeitender und chemischer Industrie. Außerdem ist die Hauptstadt ein internationales Finanzzentrum mit fast 200 Geldinstituten. Von großer Bedeutung für die Wirtschaft ist das sehr gut ausgebaute Verkehrsnetz. Demgegenüber verliert die Landwirtschaft immer mehr an Bedeutung, obwohl fast die Hälfte des waldreichen, hügeligen Landes als Acker und Weiden genutzt werden. Bekannt sind die an der Mosel angebauten Weine.

▲ **Der Südwesten Luxemburgs wird wegen der roten Farbe von Eisenerz „Land der roten Erde" genannt. Seit über 100 Jahren wird dort Eisenerz abgebaut und in Hüttenwerken verarbeitet.**

▶ **Auf dem Bockfelsen in Luxemburg-Stadt sind die Ruinen ehemaliger Befestigungsanlagen zu besichtigen.**

◀ **Das leistungsstärkste Pumpspeicherwerk Europas steht in Vianden. Der Fluss Our wird hier in einen künstlich angelegten See aufgestaut, dessen Fassungsvermögen 10 Millionen Liter beträgt. Das Wasser wird in ein Oberbecken gepumpt. Wird Energie benötigt, strömt das Wasser durch 650 oder 850 Meter lange Schächte hinab in den Stausee und treibt dabei Turbinen an, die Strom produzieren.**

◄ Schon seit langem wird Töpferkunst betrieben. Heute gehört unter anderen die Porzellan- und Keramikfabrikation zu den Industrien, die die Rohstoffe Makedoniens verarbeiten.

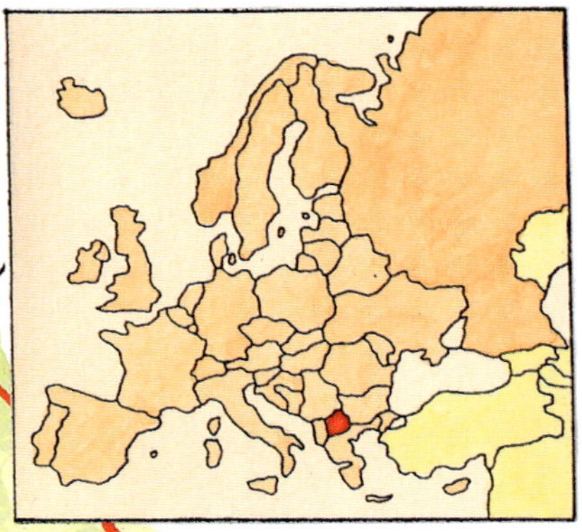

◄ Bei Ausgrabungen in der antiken Stadt Heraclea (bei Bitola) wurde ein prachtvoller Mosaikfußboden freigelegt.

Fläche: 25 713 km²
Einwohner: 2 200 000
Hauptstadt: Skopje
Amtssprache: Makedonisch
Hauptreligion: Makedonisch-Orthodoxe
Währung: 1 Denar = 100 Deni
Wichtigste Flüsse: Vardar, Drin
Höchste Erhebung:
Korab (2764 m)

Makedonien

Makedonien wurde erst 1991 ein selbstständiger Staat, nachdem es zuvor zu Jugoslawien gehörte. Es erhielt seinen Namen bereits im Altertum zur Zeit Alexanders des Großen. Aus dem Altertum stammen auch viele Kunstschätze des Landes. In Makedonien werden Feldfrüchte wie Reis und Tabak angebaut. Die Gebirge des Landes sind reich an Bodenschätzen. Das Tal des Flusses Vardar dient seit altersher als Verkehrsader.

▼ In der Stadt Kruševac erinnert das Denkmal „Makedonium“ an den „Ilindenaufstand“ der Makedonier gegen die türkische Oberhoheit. An „Ilinden“ (Eliastag) werden zur Erinnerung an den Aufstand Balkone und Fenster mit bunten Schafwolldecken geschmückt.

▼ Skopje ist eine moderne Stadt, in der es aber noch einen alten Basar mit unzähligen Läden gibt. Hier werden alte Handwerksberufe ausgeübt.

▶ Makedoniens Folklore-Reichtum zeigt sich bei Festveranstaltungen in Trachten, Musik und Volkstänzen.

▲ In Makedonien wird Reis angebaut. Mit Hilfe künstlicher Bewässerung gedeihen auch Tabak, Wein, Obst, Gemüse und Getreide.

▶ Auf der Insel Gozo wird wegen des warmen Klimas viel Landwirtschaft betrieben.

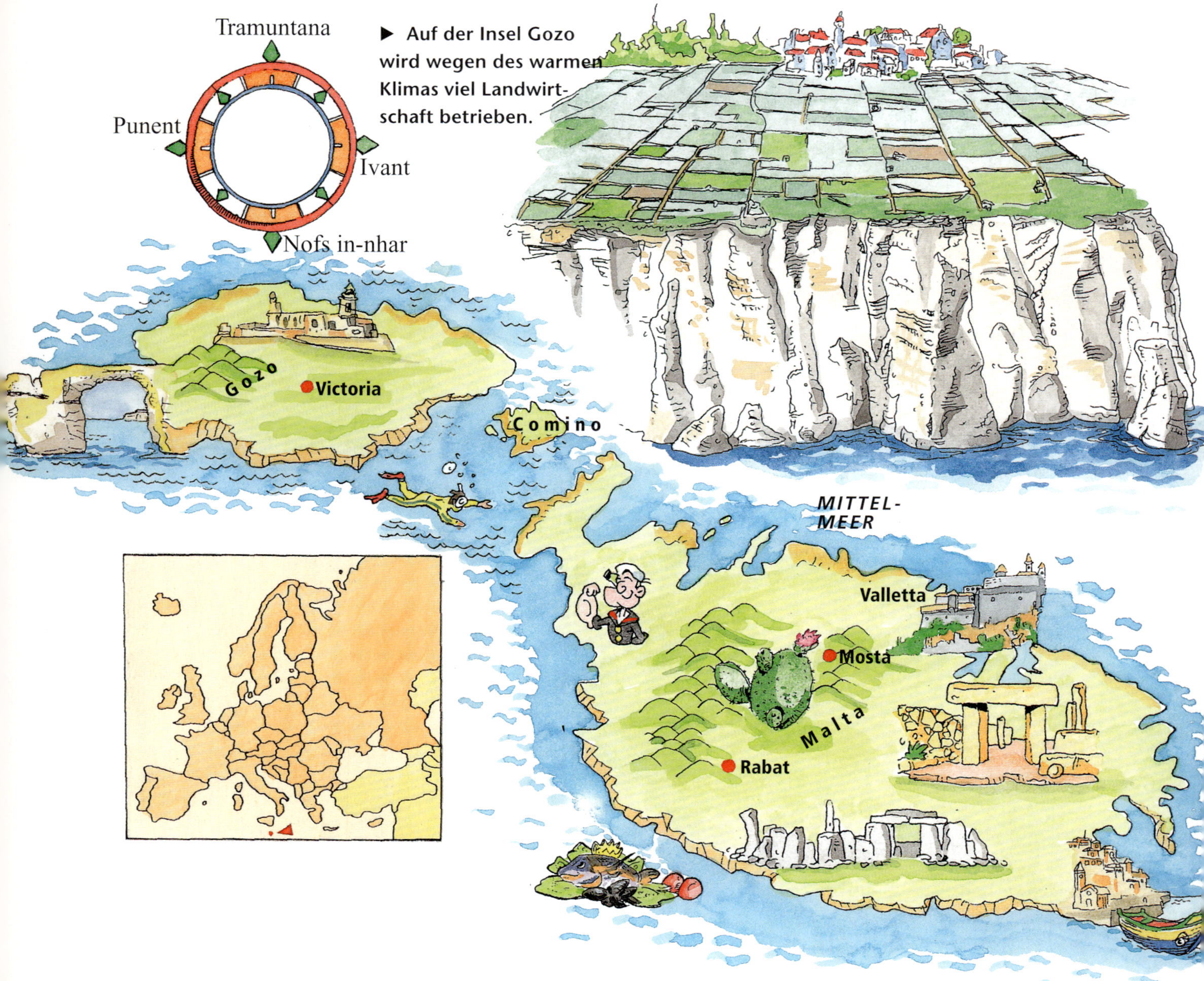

▼ Die typischen maltesischen Fischerboote, „Luzzu" genannt, werden in allen Farben bemalt. Oft tragen sie an der vordersten Spitze, dem Bug, auch ein aufgemaltes Auge. Mit diesem „Auge der Wachsamkeit" versuchten schon die alten Phönizier ihre Schiffe zu schützen.

Malta

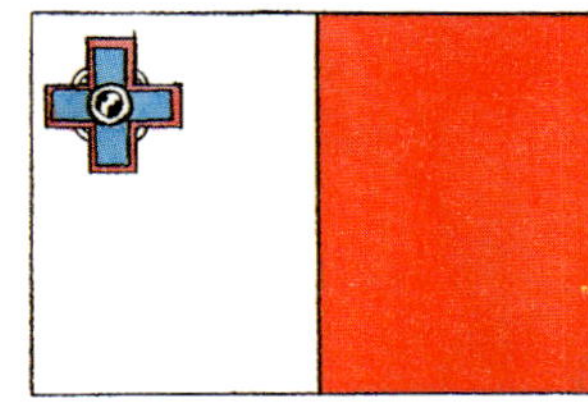

Der Inselstaat Malta, zu dem die Inseln Malta, Gozo und Comino gehören, liegt an einer Engstelle des Mittelmeeres zwischen den Kontinenten Afrika und Europa. Er ist mit hervorragenden Naturhäfen ausgestattet. So diente Malta in der Vergangenheit als Verbindung zwischen den Erdteilen, aber auch als Sperre im Mittelmeer. Seit der Jungsteinzeit wechselte es immer wieder die Besitzer. Zuletzt war es britische Kronkolonie, bis es 1964 unabhängig wurde. Landschaftlich wirkt Malta eher karg. Wegen der vielen kulturellen Sehenswürdigkeiten kommen viele Touristen in das Land.

▲ An der Bucht westlich von Mellieha bietet sich die seltene Gelegenheit, ein Kulissendorf, nämlich „Popeye's Village", zu besichtigen. Die Häuser, die für Dreharbeiten zu einem Film um den Comic-Helden Popeye 1980 windschief und nicht auf Dauer gebaut wurden, sind heute vom Einsturz bedroht.

▶ In der Hauptstadt Valletta haben die Häuser Balkone, die auf arabische Vorbilder zurückgehen.

Fläche: 315,6 km²
Einwohner: 370 000
Hauptstadt: Valletta
Amtssprachen:
Maltesisch und Englisch
Hauptreligion: Katholiken
Währung: 1 Maltesische Lira = 100 Cents = 1000 Mils
Höchste Erhebung:
Bingemma (258 m)

▼ Der Megalith-Tempel Hagar Qim stammt aus der Steinzeit und ist etwa 5000 Jahre alt. Riesige, tonnenschwere Felsblöcke wurden beim Bau dieser Kultstätte verwendet – ein eindrucksvolles Beispiel für die fortschrittlichen Bauweisen und Konstruktionstechniken der damaligen Zeit.

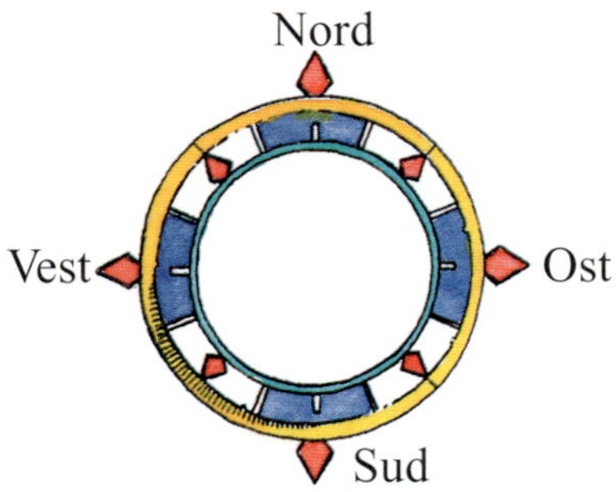

▶ Stefan cel Mare, was auf deutsch „Stefan der Große" heißt, ist ein Nationalheld Moldawiens. Dieser König lebte von 1457 bis 1504 und liebte den Frieden. Nach seinem Tode geriet Moldawien für mehr als drei Jahrhunderte unter die Herrschaft der Türken. In Kischinjow steht sein Denkmal. Es gibt in Moldawien eine Stadt, die nach ihm benannt wurde: Stefan Vodae bedeutet „Stefan der Herrscher".

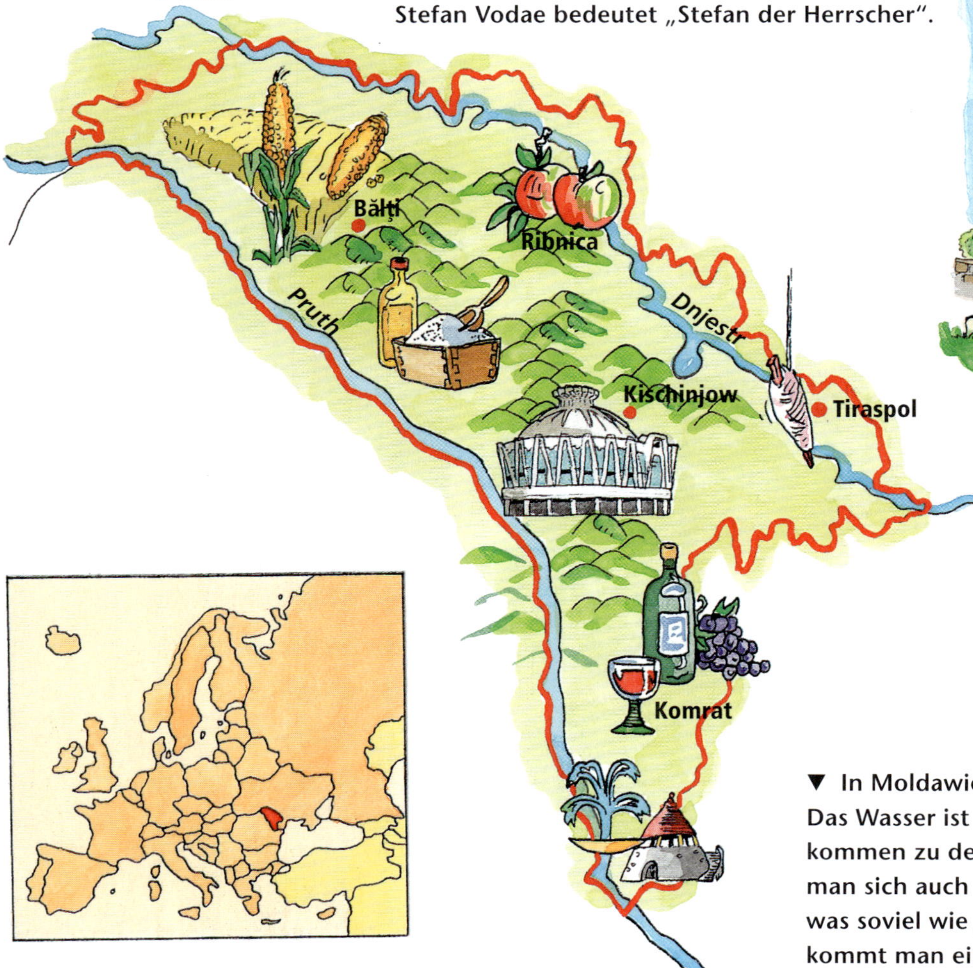

▼ In Moldawien gibt es viele Mineralquellen. Das Wasser ist gesund, und viele Menschen kommen zu den Quellen. Gut erholen kann man sich auch im Naturschutzgebiet Kodry, was soviel wie „Urwald" heißt. Dort bekommt man eine Vorstellung davon, wie Moldawien in Urzeiten ausgesehen hat.

Moldawien

Die waldarme, leicht hügelige Republik Moldawien besteht vor allem aus Acker- und Gartenland, in dem Obst, Wein, Sonnenblumen und Getreide angebaut werden. Auf die Verarbeitung dieser Agrarprodukte ist auch die Industrie ausgerichtet. Derzeit hat das Land jedoch große wirtschaftliche Probleme. Denn als es 1991 die Unabhängigkeit von Moskau errang, verlor es damit Russland als wichtigsten Handelspartner. Ein weiteres Problem sind die vielen Nationalitäten, die durch jahrhundertelang umstrittene, häufig geänderte Grenzen zusammen kamen. Dies führt zu Spannungen im Land.

▲ Bei einer Hochzeit trinken zwei Reiter auf das Wohl des Paares. Dabei tragen sie eine Tracht, zu der auch die Schaffellmütze gehört.

▲ Ein interessanter Bau ist das Zirkusgebäude in der Hauptstadt Kischinjow. Früher fanden darin nur Zirkusveranstaltungen statt, aber seit 1992 können die Besucher hier auch Konzerte und andere Kulturveranstaltungen erleben.

Fläche: 33 700 km²
Einwohner: 4 500 000
Hauptstadt: Kischinjow
Amtssprache: Moldauisch (Rumänisch)
Hauptreligion: Orthodoxe
Währung: 1 Moldau-Leu = 100 Bani
Wichtigste Flüsse: Dnjestr, Pruth
Höchste Erhebung: Balanesti (429 m)

▲ Sturmflutwehre an der Küste

▼ Niederländische Blumen und Blumenzwiebeln sind in der ganzen Welt beliebt, allen voran die Tulpen. In der Nähe von Lisse befindet sich der Keukenhof, Europas größter Schau-Garten. Hier blühen jedes Jahr sechs Millionen Tulpen, Narzissen und Hyazinthen in allen Farben.

Niederlande

Wie der Name „Niederlande“ schon sagt, ist dieses Land sehr tief gelegen und überwiegend flach. Dadurch kann es leicht überschwemmt werden. Zum Schutz hat man seit einem Jahrtausend entlang der Nordseeküste lange Deiche errichtet, die in neuerer Zeit dem Meer sogar noch Land abgewinnen. Im Landesinnern entwässern Kanäle ausgedehnte Flächen und verbinden Wasserstraßen, die vom Meer bis weit in das europäische Festland hinein führen. „Tor zu Europa“ wird der Hafen von Rotterdam, der größte künstliche Hafen der Welt, genannt. Handel und Transport sind daher wichtige Wirtschaftszweige im Königreich der Niederlande. Exportiert werden Elektrogeräte, Genussmittel und chemische Produkte. Die Niederlande besitzt eigene Erdöl- und Erdgasvorkommen. Die Landwirtschaft ist ebenso hochentwickelt. Kein anderes Land Europas exportiert so viele Agrarprodukte, wovon Gemüse und Blumen an erster Stelle stehen. Der Anbau erfolgt wegen des vom Atlantik bestimmten Klimas mit viel Wind und kühlen Sommern meist in Gewächshäusern. Von Bedeutung ist außerdem die Hochsee- und Küstenfischerei.

Fläche: 41 865 km²
Einwohner: 15 400 000
Hauptstadt: Amsterdam
Amtssprachen: Niederländisch, gebietsweise Friesisch
Hauptreligionen: Katholiken, Protestanten
Währung: 1 Holländischer Gulden = 100 Cent
Wichtigste Flüsse: Maas, Rhein
Höchste Erhebung: Vaalserberg (322 m)

▲ Im 17. Jh. wurde der Amsterdamer Grachtengürtel angelegt. An diesen Kanälen errichteten reiche Kaufleute wunderschöne Giebelhäuser, die sie oft als Lager nutzten. Durch den Handel mit Gewürzen, Seide und Porzellan war Amsterdam damals eine der reichsten Städte der Welt.

▲ Die Stadt Delft wurde vor allem durch ihre Fayencen in ganz Europa bekannt. Diese Tonwaren werden zwar aus Töpferton hergestellt, aber mit einer deckenden weißen Zinnglasur überzogen und farbig dekoriert, so dass sie wie Porzellan aussehen. Delfter Fayencen sind in der Regel blau bemalt, oft „blühen" auf ihnen blaue Blumen.

▶ „Klompen" heißen die Holzschuhe, die seit fünf Jahrhunderten viele Niederländer als Schutz vor nassen Füßen tragen. Sie sind bunt bemalt und oft verziert. Viele Touristen nehmen sich so ein Paar als Souvenir mit. Insgesamt drei Millionen Paar stellen die „Klompenmaker" jedes Jahr her.

▼ Die Niederlande sind ein Wasser- und Fahrradland. Mit Schiff und Rad kann man fast jeden Ort erreichen. An den Flüssen, Kanälen und Seen gibt es auch viele Angler. Mit Geduld und Glück können sie Hechte, Karpfen und Barsche fangen.

▲ Feinschmecker aus aller Welt lieben den Käse, der in den Niederlanden hergestellt wird. Gouda und Leerdamer sind nur zwei Sorten davon. In vielen Städten finden Käsemärkte statt, der bekannteste ist in Alkmaar. Dort gibt es auch ein Käse-Museum mit Geräten zur Herstellung von Käse.

▲ Im Wattenmeer wechseln sich ungefähr alle sechs Stunden die Gezeiten Ebbe und Flut ab. Bei Flut wird das Land vom Meerwasser überschwemmt, bei Ebbe zieht sich das Wasser zurück und das Land liegt trocken da. Millionen Tonnen von Sand und Schlick werden dabei bewegt. Im Schlickboden leben Muscheln, Krebse und Würmer. Jedes Jahr legen im Frühling und im Herbst die Zugvögel hier eine Rast ein.

▶ Die Niederlande sind auch ein Land der Maler. Besonders die Künstler des 17. und 18. Jh. sind bis heute weltbekannt. Rembrandt Harmensz van Rijn, Frans Hals, Jan Vermeer van Delft und Vincent van Gogh sind nur einige von ihnen. Ihre Werke hängen in Museen und Gemäldegalerien der ganzen Welt.

▼ Einst gab es Zehntausende Mühlen in den Niederlanden, die als Wasser- und Windmühlen Getreide mahlten und Holz sägten. Bis heute sind davon ungefähr Tausend übriggeblieben, die noch immer das Bild einer typisch niederländischen Landschaft prägen. Viele sind gut erhalten und wenn der Wind stark genug ist, drehen sich auch ihre riesigen Flügel.

Kreuzfahrer hatten die Windmühlen einst im Vorderen Orient gesehen und sie dann in der Heimat nachgebaut.

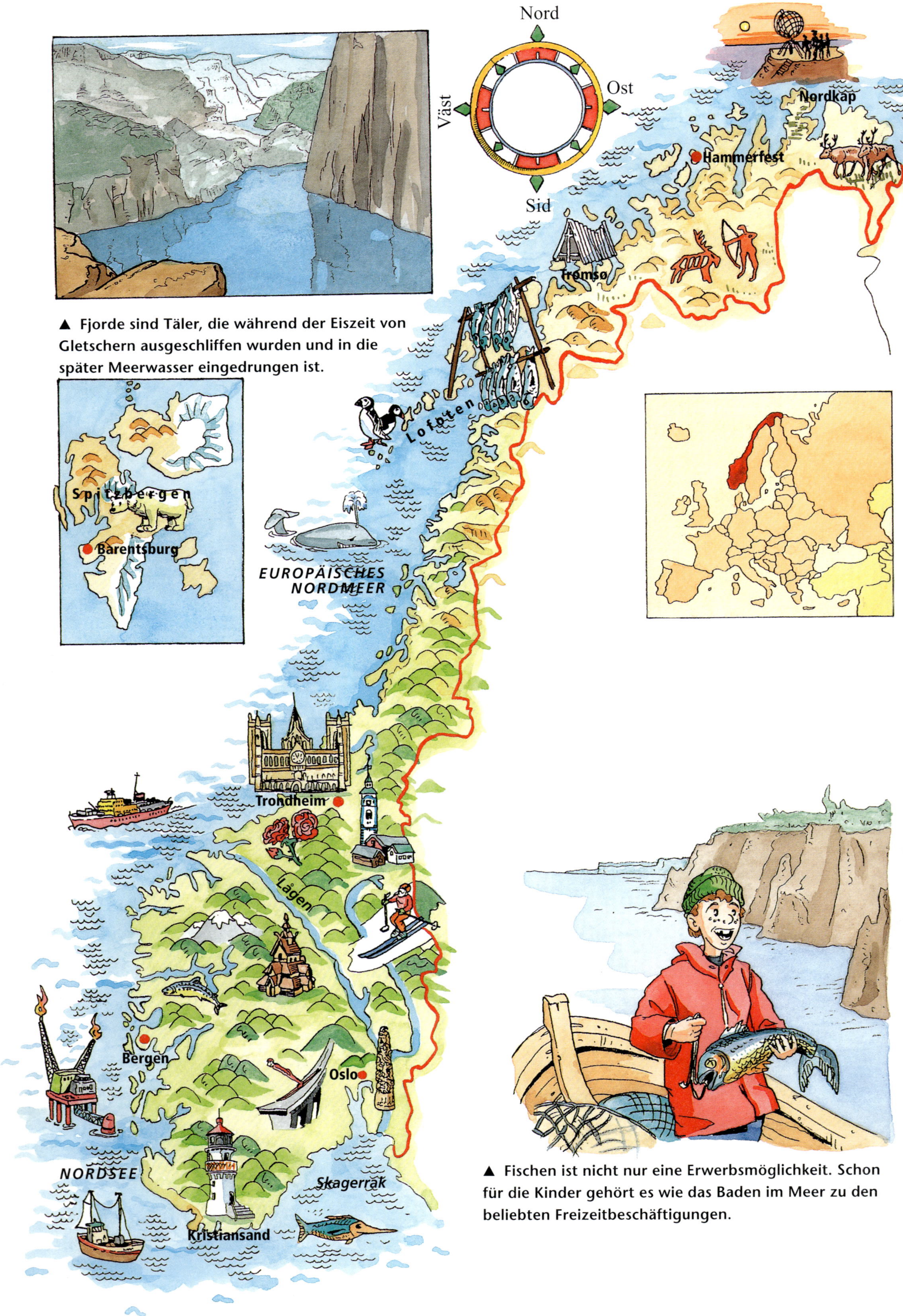

▲ Fjorde sind Täler, die während der Eiszeit von Gletschern ausgeschliffen wurden und in die später Meerwasser eingedrungen ist.

▲ Fischen ist nicht nur eine Erwerbsmöglichkeit. Schon für die Kinder gehört es wie das Baden im Meer zu den beliebten Freizeitbeschäftigungen.

Norwegen

Das langgestreckte Norwegen reicht weiter nach Norden als Schweden oder Finnland, die anderen beiden Länder auf der Skandinavischen Halbinsel. Spitzbergen, das aus mehreren Inseln besteht, könnte man sogar als Norwegens Vorposten in der Arktis bezeichnen. Hier leben Robben und Eisbären. Das Land ist bis zum nördlichsten Punkt des norwegischen Festlands, dem Nordkap, bewohnbar. Hammerfest gilt als die nördlichste Stadt der Welt. Hier oben im Norden, in der Finnmark, ziehen die Lappen, auch Samen genannt, umher. Hoch im Norden liegt die Inselgruppe der fischreichen Lofoten. Unten im Südwesten erstreckt sich das so genannte Fjordland mit einer Unzahl von Meeresarmen, die tief in das Land hineinreichen. An der Südküste laden die Schären, kleine Inseln nahe der Küste, zum Baden ein. Obwohl Norwegen durch Ausläufer des Golfstroms ein mildes Klima hat, gibt es in höheren Lagen noch über 1700 Gletscher. In den norwegischen Bergen wird viel gewandert; Skilaufen gilt als Nationalsport. Das Land ist vor allem an den Küsten bewohnt. Für die Wirtschaft des Landes sind die Erdöl- und Erdgaslager im norwegischen Anteil der Nordsee wichtig.

Fläche: 323 877 km²
Einwohner: 4 400 000
Hauptstadt: Oslo
Amtssprache: Norwegisch
Hauptreligion: Evangelisch-Lutheraner
Währung: 1 Norwegische Krone = 100 Øre
Wichtigste Flüsse: Glåma, Lågen
Höchste Erhebung: Glittertind (2 470 m)

◀ Schroffe Berge und malerische Fischerdörfer bestimmen das Bild der Lofoten. Diese Inselgruppe im Norden des Landes ist bekannt für ihre Fischgründe, in die der Kabeljau zum Laichen zieht. Im Frühling wird Kabeljau auf Holzgestellen zum Trocknen aufgehängt und als „Stockfisch" verzehrt.

▲ Da die Erde bei ihrem Lauf um die Sonne leicht geneigt ist, wird der Nordpol im Sommer rund um die Uhr von der Sonne beschienen. In dieser Jahreszeit geht die Sonne nördlich des Polarkreises nicht unter. Das nennt man Mitternachtssonne. Umgekehrt liegt dieses Gebiet im Winter im Dunkeln, das heißt, es wird monatelang den ganzen Tag nicht richtig hell.

▶ Im Internationalen Kinderkunstmuseum, das es in Oslo seit 1986 gibt, sind Kunstwerke von Kindern aus über 150 Ländern zu sehen: Bilder, Skulpturen, Keramik, Collagen und textile Kunst.

◀ Die über 5000 Jahre alten Felszeichnungen von Alta mit insgesamt 3000 Zeichnungen sind eine Sensation, seit sie 1973 zufällig entdeckt wurden.

▶ Rentierzucht war früher der Haupterwerbszweig der Samen oder Lappen.

▲ Der Frogner-Park in Oslo stellt das Lebenswerk des Bildhauers Gustav Vigeland (1869–1943) dar. Aus Stein, Bronze und Eisen schuf er eine riesige und einzigartige Anlage mit Menschen und Tieren in verschiedensten Lebenssituationen.

▶ In der norwegischen Märchen- und Sagenwelt kommem die Wald- und Bergtrolle vor. Steinalt können sie werden und immer sind sie darauf aus, Schätze in ihren Verstecken zu horten. Bei Sonnenlicht allerdings müssen sie platzen oder zerfließen.

▶ Von den rund 1300 Stabkirchen, die es in Norwegen zur Zeit der Wikinger einmal gegeben haben soll, stehen nur noch etwa 30. Zu den schönsten gehört die Stabkirche von Borgund. Der Name Stabkirche rührt von den kräftigen Kiefernstämmen her, die im hohen Innenraum wie Säulen aufragen und das Hauptdach tragen. Außer dem Hauptdach besitzen Stabkirchen eine Menge kleiner, ineinandergeschachtelter Dächer, die Teil einer stabilen Holzkonstruktion ohne einen einzigen Eisennagel sind.

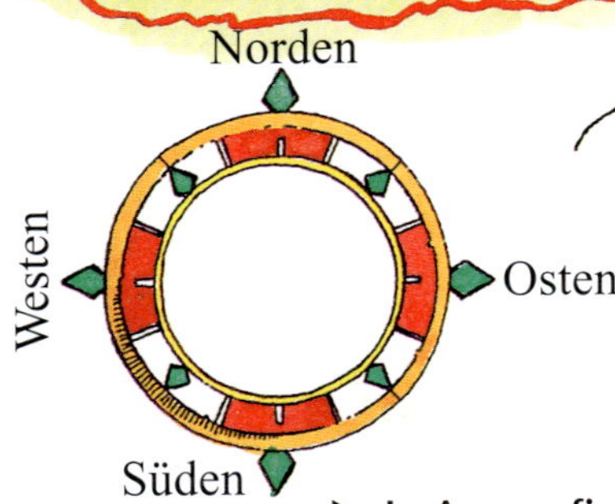

▶ In Aussee findet jedes Jahr Ende Mai ein Narzissenfest statt. Zum Abschluss fahren blumengeschmückte Boote über den Altausseer See. Riesige Bauwerke, Wikingerschiffe und Teddybären sind dann zu sehen.

▲ Der Großglockner ist mit seinen 3797 Metern der höchste Berg in Österreich. Er steht im Nationalpark Hohe Tauern und ist umgeben von einigen weiteren Bergen, die über 3000 Meter hoch sind.

Fläche: 83 858 km²
Einwohner: 8 100 000
Hauptstadt: Wien
Amtssprache: Deutsch
Hauptreligion: Katholiken
Währung: 1 Schilling = 100 Groschen
Wichtigste Flüsse: Donau, Inn
Höchste Erhebung:
Großglockner (3797 m)

Österreich

Ob Bergwandern oder Klettern, Skifahren oder Rodeln – in Österreich ist dies alles das ganze Jahr über möglich. Zwei Drittel des Landes gehören zum Hochgebirge der Alpen. Dazu kommen als Touristenattraktionen viele große Seen und schöne Landschaften wie das Burgenland oder das Weinviertel. Salzburger Nockerl, Kaiserschmarrn und Germknödel sind einige der süßen Mehlspeisen, die man in Österreich als Hauptgericht zu essen bekommt. Die Hauptstadt Wien ist für ihre Kaffeehäuser, in denen es Sachertorte und andere Süßigkeiten gibt, weltberühmt. Wien ist die Stadt der Wiener Walzer und der oft besungenen „schönen, blauen Donau“. Viele Österreicher sind stolz auf ihre Geschichte und die Kaiser und Kaiserinnen der Vergangenheit. Besonders verehrt wird bis heute Kaiserin Elisabeth, genannt „Sissi“, über deren Leben es Filme, Bücher und ein Musical gibt.

Österreich ist neben aller Tradition auch ein hoch entwickelter Industriestaat. Eisen und Stahl werden hergestellt und verarbeitet, außerdem sind chemische Industrie und Textilherstellung von Bedeutung.

▼ In den Alpen kann man vor allem in der Abenddämmerung die schrillen Pfiffe der Murmeltiere hören. Im Dachsteingebirge sind die Murmeltiere so zahm, dass sie den Menschen aus der Hand fressen. Mohrrüben gehören zu ihren Lieblingsspeisen.

▲ Hoch über Salzburg liegt die Festung Hohensalzburg. Sie ist eine der größten mittelalterlichen Burgen Europas. Wem der Aufstieg zu Fuß zu beschwerlich ist, kann sich entweder mit der Festungsbahn oder mit dem Mönchsbergaufzug hinauffahren lassen.

◀ Wahre Touristenströme drängen sich Tag für Tag durch die Getreidegasse in Salzburg. Die Touristen besuchen das Geburtshaus von Mozart oder verweilen in einem der Kaffeehäuser.

▲ Seit Jahrhunderten werden in Österreich Salz und Erze abgebaut. In Schaubergwerken können Besucher in diese unterirdische Welt Einblick gewinnen. Oft geht es über Rutschen hinunter.

▼ Der große Komponist und Musiker Wolfgang Amadeus Mozart (1756–1791) galt als „Wunderkind". Schon als Fünfjähriger begann er zu komponieren. Mit sechs Jahren gab er die ersten Konzerte am Klavier. Mozart starb bereits mit 35 Jahren. Er schuf unter anderem 50 Sinfonien und 20 Bühnenwerke. Seine bekannteste Oper ist „Die Zauberflöte".

▶ Burg Forchtenstein wurde im 14. Jh. vom ungarischen Fürsten Eszterházy errichtet. Der Legende nach ist sie die einzige Burg Europas, die niemals von ihren Feinden eingenommen wurde. Sie beherbergt eine reichhaltige Sammlung an Rüstungen, Waffen und Gemälden aus dem Mittelalter.

◀ Wahrzeichen Wiens ist der Stephansdom. Man kann über 343 Stufen in die Türmerstube hochsteigen oder aber den Aufzug im Nordturm benutzen. Von diesen beiden Aussichtspunkten hat man dann einen weiten Blick über ganz Wien. Im Nordturm hängt die größte Glocke Österreichs, die „Pummerin". Sie wiegt über 21 Tonnen.

▲ Friedensreich Hundertwasser gehört zu den bedeutendsten österreichischen Künstlern dieses Jahrhunderts. Er entwickelte einen ganz eigenen Baustil, in dem er auch in Wien zwei Häuser bauen ließ. Im Kunsthaus Wien sind ständig Werke von ihm sowie wechselnde Ausstellungen anderer Künstler zu besichtigen.

▲ Nach Sillian, einem Gebirgszwerg, ist das Wichteldorf Sillian (südlich der Salzach) benannt, in dem sich Familien mit Kindern erholen können.

▲ Das Holzhandwerk wird beinahe in allen Teilen Polens ausgeübt. So werden Heiligenfiguren aus Birnenholz mit einfachen Taschenmessern geschnitzt und bunt angemalt. Auch ganze Figurengruppen, wie zum Beispiel ein Orchester, kann man auf einem der vielen Jahrmärkte finden.

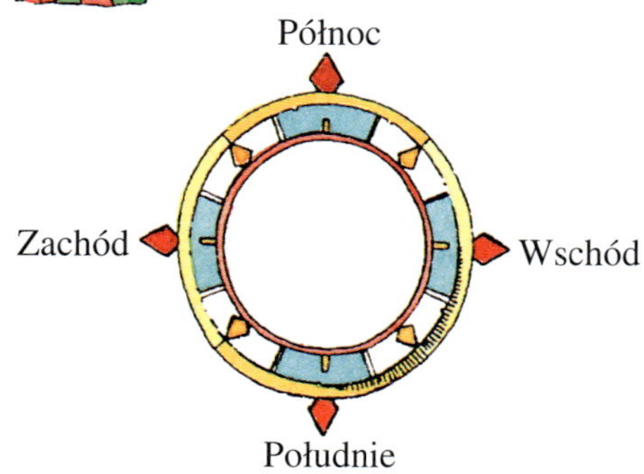

Polen

An Polens Grenze zu Tschechien liegt das sagenumwobene Riesengebirge, in dem der Berggeist Rübezahl einst hauste. Im Süden, an der Grenze zur Slowakei, erhebt sich die Hohe Tatra bis in Hochgebirgshöhen. Nach Nordwesten zu wird das Land, von kleineren Erhebungen abgesehen, immer flacher, bis es im Küstengebiet der Ostsee endet. Hier münden die Flüsse Oder und Weichsel an den für Polen so wichtigen Hafenstädten Stettin und Danzig. Im Landesinneren gibt es Industrie- und Ballungsgebiete, in denen vor allem Kohlebergbau betrieben wird. Hier ist die Umweltsituation oft sehr schlecht. Viel Natur bieten dagegen die Gebiete Pommersche und Masurische Seenplatte. Überhaupt spielt auch die Landwirtschaft in Polen eine große Rolle. So werden zum Beispiel große Mengen polnischer Gänse ins Ausland exportiert. Seit Polen sich vom so genannten Ostblock getrennt hat, kommen wegen der reizvollen Landschaften und zahlreichen Sehenswürdigkeiten zunehmend Touristen ins Land.

▼ Viele Volksbräuche leben in Polens Dörfern weiter. In Zalipie zum Beispiel malen die Frauen jedes Jahr im Frühling bunte Muster an die Wände ihrer Häuser. Manchmal werden sogar Hundehütten bemalt.

▶ Pferde haben in Polen einen hohen Stellenwert. Es gibt zahlreiche Reitzentren und Gestüte, in denen englische Vollblüter, reinrassige Araber und polnische Rassen gezüchtet werden. Auch als Arbeitstiere kommen Pferde zum Einsatz.

▲ Im 14. und 15. Jh. gehörte Breslau (Polnisch: Wroclaw) zu den größten Städten Mittelosteuropas. In dieser Zeit entstanden viele gotische Bauwerke. Das spätmittelalterliche Rathaus, das als eines der schönsten in Europa gilt, wird sogar als „Perle der schlesischen Gotik" bezeichnet.

▶ Am Altmarkt in Posen (Polnisch: Poznań), sind die Häuser teilweise schief und oft nicht breiter als zwei Meter.

▼ Im heutigen Polen gibt es riesige Naturschutzgebiete. Etwas Besonderes sind die Bibersümpfe, die bis zu 450 Millionen Kubikmeter Wasser speichern. Hier leben zahlreiche Tierarten wie Elche, Wölfe, Fischotter und Biber, die dem Fluss Biebrza den Namen gaben.

◀ Viele Kunsthandwerker in Polen spezialisierten sich auf die Anfertigung von einzigartigem Silberschmuck, oft mit Zusatz von besonders schönem Bernstein. Manchmal birgt dieses versteinerte Harz der Nadelbäume sogar noch ein Andenken aus der Urzeit in sich: Pflanzenreste oder ein eingeschlossenes Insekt.

◀ Polen ist ein Land, in dem der katholische Glaube von großer Bedeutung ist. Der wichtigste Wallfahrtsort ist Tschenstochau. Dort hängt in der Paulinerkirche das Bildnis der Schwarzen Madonna, einer Muttergottes mit Jesuskind, das aus dem 14. Jh. stammt. Dieser Schutzheiligen Polens werden viele Wundertaten zugeschrieben.

▲ Der Ostródzko-Elbląski-Kanal ist der längste befahrbare Kanal in Polen. Ein besonderer Anziehungspunkt sind die „Helligen". Anstatt die Anhöhen zu durchbrechen und Schleusen zu bauen, wurde ein System von Schienenanlagen geschaffen, die sogar großen Passagierschiffen eine „Wanderung" zu Lande erlauben.

▼ Im 14./15. Jh. war die Marienburg (Polnisch: Malbork) am Fluss Nogat die Hauptstadt des Kreuzritterstaates und Sitz des Hochmeisters des Deutschen Ordens. Das gotische Schloss gehört heute zu den wertvollsten europäischen Denkmälern der mittelalterlichen Wehrbaukunst.

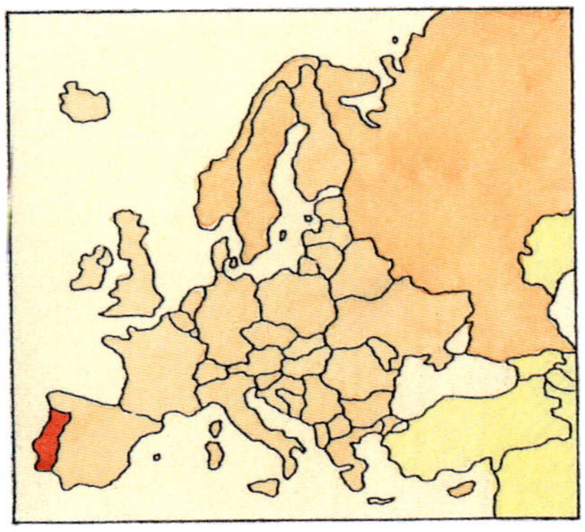

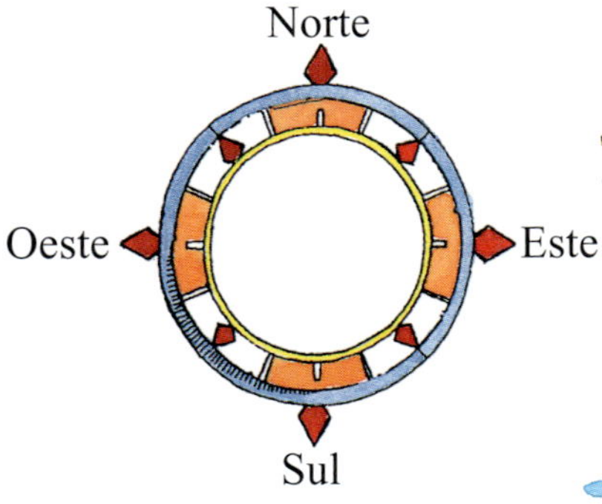

▼ Das Symbol für Portugal ist der bunte Keramikhahn, der in Barcelos nahe bei Braga hergestellt wird.

▼ Die neun vulkanischen Inseln der Azoren sollen der Legende nach Überreste der versunkenen Insel Atlantis sein. Als die Portugiesen sie um 1427 entdeckten, waren sie unbewohnt.

▶ Um den Hahn rankt sich eine Geschichte: Im 14. Jh. soll ein zum Tode verurteilter Pilger das Brathähnchen auf dem Tisch des Richters zum Krähen gebracht haben, worauf er freigelassen wurde.

▼ Die Insel Madeira liegt 978 Kilometer vom portugiesischen Festland entfernt. Wegen ihres Pflanzenreichtums und weil es auf ihr das ganze Jahr über blüht und grünt, wird sie als „Blumeninsel" bezeichnet.

Portugal

Große Seefahrer wie Vasco da Gama oder Fernando Magellan stammten aus Portugal. Sie entdeckten neue Seewege und Länder. Wichtigste Hafenstadt Portugals ist die Hauptstadt Lissabon. Hier dringt das Meer in den Unterlauf des Flusses Tejo ein, so dass sich ein ausgezeichneter Naturhafen gebildet hat.

Lissabons bekannte Altstadt, die so genannte „Alfama", erlitt 1755 durch ein verheerendes Erdbeben und 1988 durch einen Großbrand erhebliche Schäden. Jedes Mal wurden Teile der Stadt wieder aufgebaut. Die Gebiete an den Küsten Portugals sind weiter entwickelt als die abgelegenen Landesteile im Innern oder der gebirgige Norden. In den Küstenräumen befinden sich die meisten der kleinen Industriebetriebe des Landes. Berühmt ist Portugal für die Korkeichen und den süßen „Portwein". Seit einigen Jahrzehnten ist der Fremdenverkehr von großer Bedeutung für das Land. Vor allem das felsige Küstengebiet der Algarve ist beliebt.

Zu Portugal gehören auch die Atlantikinsel Madeira, der „schwimmende tropische Garten" mit seiner üppigen Pflanzenwelt, sowie die Inselgruppe der Azoren.

Fläche: 92 270 km²
Einwohner: 9 900 000
Hauptstadt: Lissabon
Amtssprache: Portugiesisch
Hauptreligion: Katholiken
Währung: 1 Escudo = 100 Centavos
Wichtigste Flüsse: Douro, Tejo
Höchste Erhebung: Malhão da Estrêla (1991 m)

▲ Eine Erinnerung an die Zeit der portugiesischen Seefahrer und Entdecker soll das „Denkmal der Entdeckungen" in Belém sein, an dessen Spitze Heinrich der Seefahrer (1394–1460) steht. Der portugiesische Prinz gründete in Sagres die erste Seefahrtschule der Welt.

▲ Viele Gebäude in Portugal werden von „Azulejos" (Fliesen) in leuchtenden Farben geschmückt. Die Fliesenmalerei wurde bereits im Mittelalter von den Mauren (Arabern) eingeführt.

▲ Im Norden Portugals liegt der berühmte Wallfahrtsort Fátima, wo einst Maria erschienen sein soll. In manchen Jahren sind es Millionen von Gläubigen, die sich auf dem riesigen Platz vor der Basilika von Fátima zu Gebet und Prozession einfinden.

▼ Rund ein Drittel der Landesfläche Portugals ist mit Korkeichen bewachsen, aus deren Rinde man Korkprodukte herstellt. Nach dem Schälen der Eichen wird der Kork in Fabriken transportiert. Nach einer bestimmten Lagerzeit wird er gekocht, geschmeidig gemacht und in Platten gepresst. Flaschenverschlüsse, Bodenbeläge oder auch Schwimmgürtel werden daraus hergestellt.

◀ Lissabon liegt auf sieben steilen Hügeln,die man mit alten Straßenbahnen erreichen kann. In Lissabons Oberstadt, der Altstadt Alfama, ist es stellenweise aber so eng, dass sich die Fußgänger in Hauseingänge flüchten müssen, wenn eine der Straßenbahnen vorbeifährt. Schneller kommt man mit dem Aufzug von der modernen Unterstadt in die Oberstadt. 1901 wurde der „Elevador de Santa Justa" von Gustave Eiffel im maurisch-gotischen Stil gebaut.

▲ Winzige Buchten, extreme Felsformen, ruhige See und viel Sonne machen den Reiz des Feriengebiets Algarve im Süden von Portugal aus.

▶ Portugal produziert eine Fülle verschiedener Weine. Besonders bekannt ist der Portwein, ein Likörwein. Rote Portweine werden mit zunehmendem Alter heller, weiße Portweine dunkler.

▶ Der Torre de Belém wurde 1521 als Festung und Wachturm in Lissabons Tejomündung fertig gestellt. Von hier aus stachen die großen Entdecker in See und nahmen zahlreiche neue Länder in Besitz.

◀ Die Donau bildet bei ihrer Mündung ins Schwarze Meer ein weit verzweigtes Delta. Dieses Geflecht von Kanälen ist ein riesiges Sumpfgebiet und damit ein sehr wichtiger Lebensraum vieler Pflanzen und Tiere. Vor allem Vögel, zum Beispiel Pelikane und Kraniche, brüten dort.

◀ Auf dem „fröhlichen" Friedhof von Sapânta erinnern geschnitzte Kopftafeln und humorvolle Grabinschriften an die Toten.

Rumänien

Klare Seen, dunkle Wälder, einsame Burgen – das ist das Reich des legendären Grafen Dracula. Transsilvanien oder auch Siebenbürgen wird das sagenumwobene Hochland genannt, das mitten in Rumänien liegt und beileibe nicht nur ein Ort zum Gruseln ist. Es gilt nämlich als eine der schönsten und ursprünglichsten Landschaften Europas. Außer diesem Hochland, das bis in eine Höhe von 700 Meter reicht, erhebt sich in Rumänien ein Gebirgszug, der den Alpen ähnelt: die Karpaten. Hierher kommen die Urlauber im Winter zum Skifahren. In den heißen Sommern strömen sie an die 250 Kilometer lange Schwarzmeerküste zum Baden. Ansonsten lebt das wirtschaftlich eher schwache Land vor allem von der Landwirtschaft und vom Bergbau. Etwas Besonderes ist die Tatsache, dass Rumänisch die einzige osteuropäische Sprache ist, die sich aus dem Lateinischen entwickelt hat und deshalb zu den so genannten romanischen Sprachen zählt. Die in Rumänien lebenden Minderheiten wie Ungarn, Deutsche und Roma sprechen allerdings ihre eigenen Sprachen.

Fläche: 238 391 km^2
Einwohner: 22 800 000
Hauptstadt: Bukarest
Amtssprache: Rumänisch
Hauptreligion: Rumänisch-Orthodoxe
Währung: 1 Leu = 100 Bani
Wichtigste Flüsse: Donau, Mures
Höchste Erhebung: Moldoveanu (2543 m)

◀ Die so genannten „Zigeuner“, die vor etwa 1000 Jahren aus Indien kamen und die „Roma“ heißen, leben als Minderheit in Rumänien. Sie sind nicht seßhaft und ziehen mit ihren Großfamilien im Land umher. Viele von ihnen sind Musiker, andere sind Korbflechter oder Kesselflicker.

▶ Dank der ausgedehnten Wälder ist Holz ein wichtiges Baumaterial. In Rumänien entstand eine besonders fantasievolle Dorfarchitektur. Das zeigt sich zum Beispiel an den fein geschnitzten Haustüren in Siebenbürgen, aber auch an den eindrucksvollen Holzkirchen.

▼ Wer glaubt, der berühmt-berüchtigte Graf Dracula sei eine erfundene Märchen- oder Sagenfigur, der irrt. Ein Fürst namens Vlad Tepes herrschte im 15. Jh. auf Schloss Bran in Siebenbürgen äußerst grausam und ließ seine Gegner auf Pfählen am Straßenrand aufspießen. Daher nannten ihn die Leute „Dracula“, was so viel wie „kleiner Teufel“ bedeutet.

▶ Das Parlamentsgebäude in Bukarest, das wie andere Prunkbauten während der Zeit der kommunistischen Herrschaft erbaut wurde, ist das zweitgrößte Gebäude der Welt und hat 6000 Räume. Für diesen Bau wurde die ganze Altstadt Bukarests abgerissen.

◀ Im Sommer leben in den Bergen Gruppen von Schafhirten, die mit langen Schaffellen und Filzhut bekleidet sind. Rudel von Hirtenhunden begleiten sie. Die Hirten schlafen in Hütten, stellen Käse her und essen Maisbrei mit Schafskäse. Viele von ihnen spielen auf der Panflöte.

▶ Mit Planwagen fahren ungarische Kesselflicker in die Dörfer und reparieren alles, was aus Metall ist. Sie tragen eine besondere Tracht.

▶ In manchen Orten der Karpaten gibt es keinen motorisierten Straßenverkehr. Befördert wird man im Sommer mit Pferdekutschen, im Winter mit Pferdeschlitten.

▲ Der erste Satellit, der die Erde umkreiste, wurde am 4. Oktober 1957 gestartet. Er hieß „Sputnik“, was „Weggefährte“ bedeutet.

Russland

Russland ist der größte Staat der Welt und erstreckt sich über zwei Kontinente: Europa und Asien. Er reicht von Ostsee und Schwarzem Meer im Westen über den Ural weit nach Asien hinein bis zum Pazifik im Osten. Die Landschaft ist ausgesprochen vielfältig, wobei sie von Nord nach Süd sämtliche Klimazonen Europas mit Ausnahme des Mittelmeerklimas durchläuft. Über 100 Völkergruppen leben in diesem riesigen Land als Minderheiten neben den Russen. Dabei sind die Menschen sehr ungleichmäßig über das Land verteilt. So sind weite Teile Nordsibiriens nahezu unbesiedelt. Unter Führung Russlands wurde 1922 die „Union der Sozialistischen Sowjetrepubliken" oder kurz „Sowjetunion" gegründet. 1989 zerfiel die Sowjetunion jedoch wieder in verschiedene unabhängige Staaten. Einer davon ist das heutige Russland. Es versucht seitdem, sich zu einem modernen Industriestaat zu entwickeln. Von Nutzen hierfür sind die überaus reichen Vorkommen an Bodenschätzen. An den breiten, stellenweise reißenden Strömen in Sibirien wurden Wasserkraftwerke gebaut, die Energie liefern.

Fläche: 17 075 400 km²
Einwohner: 149 000 000
Hauptstadt: Moskau
Amtssprache: Russisch
Hauptreligion: Russisch-Orthodoxe
Währung: 1 Rubel = 100 Kopeken
Wichtigste Flüsse: Wolga, Don
Höchste Erhebung: Elbrus (5 642 m)

▶ Im Norden Russlands wohnen die Nenzen. Dieses Polarvolk lebte früher als Nomaden, das heißt, sie zogen als Rentierzüchter und Jäger mit ihren Zelten durch die Tundra. Heute sind sie jedoch sesshaft. Ihre Sprache ist mit dem Finnischen und dem Ungarischen verwandt.

◀ Der Waldreichtum führte dazu, dass in Russland viel mit Holz gebaut wird. Vor allem auf dem Lande herrscht die Isba, das russische Holzhaus, vor. In der Stadt Susdal steht eine der alten Kirchen, die ganz aus Holz gebaut wurden.

▲ Zu den bekanntesten russischen Künstlern gehört Ilja Repin, der von 1844 bis 1930 lebte. Sein Bild „Die Wolga-Treidler“ zeigt, wie schwer die Arbeit der Wolga-Treidler war, die Boote stromaufwärts zogen.

▼ Matroschkas sind russische Holzpuppen, von denen immer mehrere ineinander gesteckt werden können. Meist sind sie mit Motiven aus der Volkskunst bunt bemalt. Es gibt aber auch Matroschkas, die berühmte Menschen auf lustige Weise darstellen.

▲ Die U-Bahn-Stationen in Moskau sind mit Gemälden und Kronleuchtern ausgestattet.

▼ Mit einem Samowar bereiten die Russen ihren Tee zu. Durch Holzkohle oder elektrischen Strom wird das Wasser zum Kochen gebracht. Über einen kleinen Hahn kann man seine Tasse füllen.

▲ Die Transsibirische Eisenbahn ist die längste Bahnstrecke der Welt. Auf einer Länge von 9299 Kilometern verbindet sie Moskau mit Wladiwostok am Pazifik. Wer die gesamte Strecke abfährt, braucht dafür neun Tage. In den Zügen gibt es nur Schlafwagen-Abteile. Beim Schaffner bekommt man immer Tee und andere Getränke, zum Essen kann man in den Speisewagen gehen. Außerdem bieten Händler an jeder Station einheimische Spezialitäten an.

▶ Sankt Petersburg, die zweitgrößte Stadt Russlands, liegt an der Mündung der Newa in die Ostsee. Sie wurde nach dem russischen Zaren Peter I. (1672–1725) benannt, dem Begründer der Stadt. Sein Denkmal steht auf der von ihm erbauten Peter- und Pauls-Festung.

▶ Der Rote Platz ist das historische Zentrum Moskaus und Russlands. Auf ihm steht auch die Basilius-Kathedrale. Weil ihre bunten Türme von der Form her Zwiebeln gleichen, werden sie „Zwiebeltürme“ genannt. Die Basilius-Kathedrale grenzt an den Kreml. Die Mauern dieser Festung sind 2230 Meter lang, 20 Meter hoch und bis zu sechs Meter dick.

▲ Die „Schiffssetzung“ Ales stenar besteht aus 59 Steinblöcken, die in Form eines Schiffes aufgestellt wurden. Bis heute weiß man nicht, wer die Steine hierher gebracht hat.

▶ Seit dem 18. Jh. werden in Glashütten Gläser und Vasen hergestellt.

▶ Am 13. Dezember wird das Lichterfest der Lucia gefeiert. Die Mädchen gehen in langen Gewändern und mit einem Kerzenkranz auf dem Kopf umher und servieren Kaffee.

Schweden

Ein besonders bekanntes Kind aus Schweden ist Pippi Langstrumpf. In den Büchern über sie, aber auch in den vielen anderen Geschichten Astrid Lindgrens wie „Michel aus Lönneberga" oder „Wir Kinder von Bullerbü" begegnet man Schweden und seiner Landschaft.

Seen und Inseln, Wiesen und Wälder und dazu warme trockene Sommer, das alles ist typisch für das Land. Vor allem die Seengebiete sind eine landschaftliche Besonderheit, die von Touristen aus aller Welt gern besucht wird.

Der größte Teil der Bevölkerung lebt im Süden des Landes, da es im Winter in den nördlichen Gebieten bis zu Minus 40 Grad kalt werden kann. Nördlich des Polarkreises liegt das Land während der Wintermonate sogar im Dunkeln – dann ist Polarnacht. Im Sommer geht in diesem Teil des Landes die Sonne nicht unter. Dies nennt man „Mitternachtssonne". Auch im übrigen Schweden wird es während des Sommers niemals richtig dunkel. Zahlreiche Mittsommerfeiern finden statt, bei denen auch die Kinder dabei sind.

Wie in den Nachbarländern Norwegen und Finnland lebt im Norden das Volk der Lappen oder Samen.

Fläche: 449 964 km²
Einwohner: 8 800 000
Hauptstadt: Stockholm
Amtssprache: Schwedisch
Hauptreligion: Evangelisch-Lutherische Schwedische Kirche
Währung: 1 Schwedische Krone = 100 Öre
Wichtigste Flüsse: Torne, Ume
Höchste Erhebung: Kebnekajse (2111 m)

▼ Die über zwei Meter langen Luren gehören zur Familie der Hörner. Diese Blasinstrumente aus Bronze waren ungefähr 1000 Jahre vor Christus in den nördlichen Ländern gebräuchlich. Noch heute werden sie zum Auftakt vieler Veranstaltungen geblasen.

▲ In vielen kleinen Dörfern und Städtchen der südschwedischen Landschaft Småland gibt es noch immer die roten Holzhäuser mit weißen Fensterrahmen, die gerne auch als „sommarstugas“, das heißt als Ferienhäuser, vermietet werden.

▶ In Vimmerby, der Geburtsstadt Astrid Lindgrens, können Kinder im Freizeitpark „Astrid Lindgrens Welt“ all die berühmten Figuren aus ihren Büchern erleben. Nicht nur Gucken und Staunen ist angesagt, sondern die Besucher können auch mitmischen bei Michels Streichen, von Mattis den Räubertanz lernen oder mit Pippi Langstrumpf am „Nicht-den-Boden-berühren-Hindernisparcours“ teilnehmen.

▼ Schweden hat mehr Elche als Lastwagen. So kann man den „König des Waldes“ mit etwas Glück in ganz Schweden sehen. An manchen Orten werden sogar Elchsafaris angeboten.

▲ Der Götakanal, der zwischen 1810 und 1832 gebaut wurde, ist 195 Kilometer lang und verbindet die beiden größten Städte Schwedens, Göteborg und Stockholm. Rechnet man See- und Flussstrecken dazu, sind es sogar 610 Kilometer. Mit über 60 Schleusen überwindet der Kanal beträchtliche Höhenunterschiede. Heute wird er vorwiegend touristisch genutzt.

▼ Um den 24. Juni herum finden in Schweden Mittsommerfeiern statt. Während mehrerer Tage tanzt man um die „majstång". Das traditionelle Mittsommergericht ist „matjesill", eine Art marinierter Hering in süßer Soße mit Dillkartoffeln. Als Nachspeise gibt es Erdbeeren mit Schlagsahne.

◀ Das Symbol der mittelschwedischen Region Dalarna ist das Dala-Pferdchen. In einem Dörfchen bei Mora kann man zusehen, wie diese Pferdchen geschnitzt und dann kunstvoll bemalt werden. Sie werden vom Hosentaschenformat bis zur Lebensgröße gefertigt.

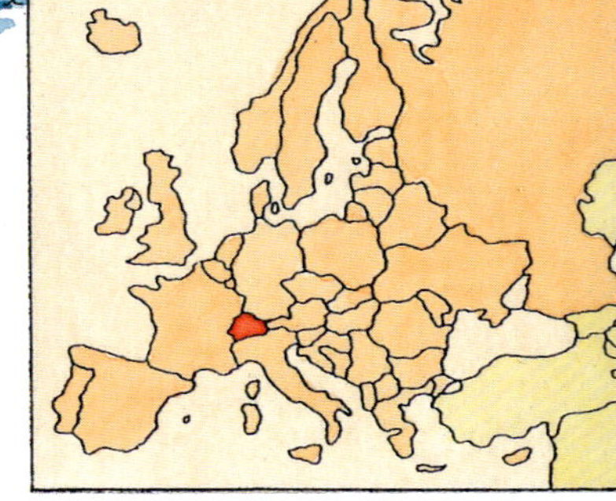

▼ Die Schweizer Schriftstellerin Johanna Spyri schrieb im 19. Jh. Erzählungen, die in der Welt der Berge spielen. Am bekanntesten ist bis heute die Figur der Heidi, die bei ihrem Großvater in den Bergen lebt.

Fläche: 41 294 km²
Einwohner: 7 100 000
Hauptstadt: Bern
Amtssprachen: Deutsch, Französisch, Italienisch, Rätoromanisch
Hauptreligionen: Katholiken, Protestanten
Währung: 1 Schweizer Franken = 100 Rappen/Centimes
Wichtigste Flüsse: Rhein, Rhône
Höchste Erhebung: Monte Rosa (4 634 m)

Schweiz

Die Schweiz ist zwar ein ziemlich kleines Land, doch werden hier gleich vier Sprachen gesprochen: Deutsch, Französisch, Italienisch oder Rätoromanisch. Dabei gibt es das Deutsche in vielen Varianten, denn neben der hochdeutschen Schriftsprache werden im Alltag meist die verschiedenen „schwyzerdütschen" Dialekte gesprochen. Schon immer war die Schweiz ein Beispiel dafür, wie verschiedene Völkergruppen friedlich miteinander leben können. Von Anfang an hatten alle die gleichen Rechte. Auch mit ihren Nachbarvölkern wollen die Schweizer gut auskommen. Ihre Außenpolitik ist neutral und sie beteiligten sich an keinem Krieg. Das kam auch ihrer Wirtschaft zugute. Wegen der stabilen Verhältnisse konnte sich ein starkes Banken- und Versicherungswesen entwickeln. Heute ist die Schweiz das reichste Land der Welt. Bekannt und wegen ihrer hohen Qualität geschätzt sind Schweizer Produkte wie Uhren, Schokolade und Käse. Von Bedeutung ist auch der ganzjährige Tourismus, vor allem in der Bergwelt der Alpen.

▼ Wilhelm Tell ist der Nationalheld der Schweizer. Der Sage nach soll er von einem rücksichtslosen Landvogt gezwungen worden sein, mit der Armbrust einen Apfel vom Kopf eines Knaben zu schießen. Später tötete er jenen Landvogt und gab damit das Signal für einen Volksaufstand.

▶ Im Sommer findet in vielen Bergorten der Schweiz ein spezieller Wettkampf statt: das „Schwingen“. Bei diesem Nationalsport geht es darum, den Gegner mit ganz bestimmten Griffen an der „Schwinghose“ zu packen und zu „schwingen“, das heißt, zu Boden zu werfen. Zehntausende von Zuschauern kommen zu jedem Wettkampf.

▲ In Schaffhausen gibt es den mächtigsten Wasserfall Europas. Schon von weitem ist zu hören, wie das Wasser des Rheins auf einer Breite von 150 Metern 20 Meter in die Tiefe stürzt.

▲ Die Schweiz ist bekannt für die Produktion von Uhren. Ob aus Gold oder Plastik – für jeden Geldbeutel ist etwas dabei.

◀ Basel ist nach Zürich die zweitgrößte Stadt der Schweiz und gleichzeitig der kleinste Kanton. Der Rhein fließt mitten durch die Stadt. Entlang des Rheins haben sich große chemische Werke angesiedelt. In der Stadtmitte beherrscht das große Rathaus den Marktplatz.

▼ Zu den Schweizer Traditionen gehört das Alphornblasen. Das Alphorn ist bis zu fünf Meter lang. Es wird aus einem Holzstamm gefertigt. Dieser wird der Länge nach aufgeschnitten, ausgehöhlt und wieder zusammengefügt. Wachs und rundherum gewickelte Baumrinde verbinden die beiden Hälften fest miteinander.

▲ „Il Grotto" heißen die Weinkeller im Tessin. Wie eine Grotte sind sie an Felshöhlen angebaut. Die dicken Steine lassen die Sommerhitze nicht durch, so dass der Wein immer gut gekühlt bleibt.

▲ Mit der steilsten Zahnradbahn Europas kann man auf den Pilatus bei Luzern fahren. Von diesem rund 2000 Meter hohen Berg hat man eine wunderbare Aussicht. Ein großer Teil des Alpentransitverkehrs wird über Züge abgewickelt.

▲ Mit einem großen Fest wird alljährlich im Frühling der Almauftrieb gefeiert. Dann werden die Rinder auf die Almen getrieben, wo sie den Sommer über bleiben. Bevor der Winter kommt, holt man sie wieder in die Ställe. Dieses Ereignis heißt „Almabtrieb".

▼ Das 4478 Meter hohe Matterhorn ist der bekannteste Schweizer Berg. Für Bergsteiger ist das Matterhorn eine große, aber gefährliche Herausforderung. Bergführer bieten Touren auf das Matterhorn an. Sie kennen sich auch mit dem Wetter aus, denn plötzliche Wetterwechsel können für Wanderer gefährlich werden.

Fläche: 49036 km²
Einwohner: 5400000
Hauptstadt: Bratislava
Amtssprache: Slowakisch
Hauptreligion: Katholiken
Währung: 1 Slowakische Krone = 100 Heller
Wichtigste Flüsse: Donau, Waag
Höchste Erhebung: Gerlsdorfer Spitze (2655 m)

▲ Der Nordosten der Slowakei ist reich an mittelalterlichen Städten und Burgen. Am bekanntesten ist die Zipser Burg. Sie steht auf einem 200 Meter hohen Burgfelsen. Von dort aus schützten die Ritter den Handelsweg, der vom Mittelmeer zur Ostsee direkt an der Burg vorbei führte. In der Burg sind Rüstungen, Schwerter und Münzen zu besichtigen.

◀ Im kleinsten europäischen Hochgebirge, der Hohen Tatra, befindet sich der einzige Bergfriedhof Europas. 180 Gedenktafeln und 50 Holzkreuze erinnern an Menschen, die in der Tatra ihr Leben ließen.

◀ Porzellanmanufakturen haben eine lange Tradition in der Slowakei. In vielen Museen und Ausstellungen kann man kunstvoll bemalte Vasen, Teller, Ofenkacheln und Figuren bewundern. Beliebte Mitbringsel für Touristen sind Glas- und Kristallwaren.

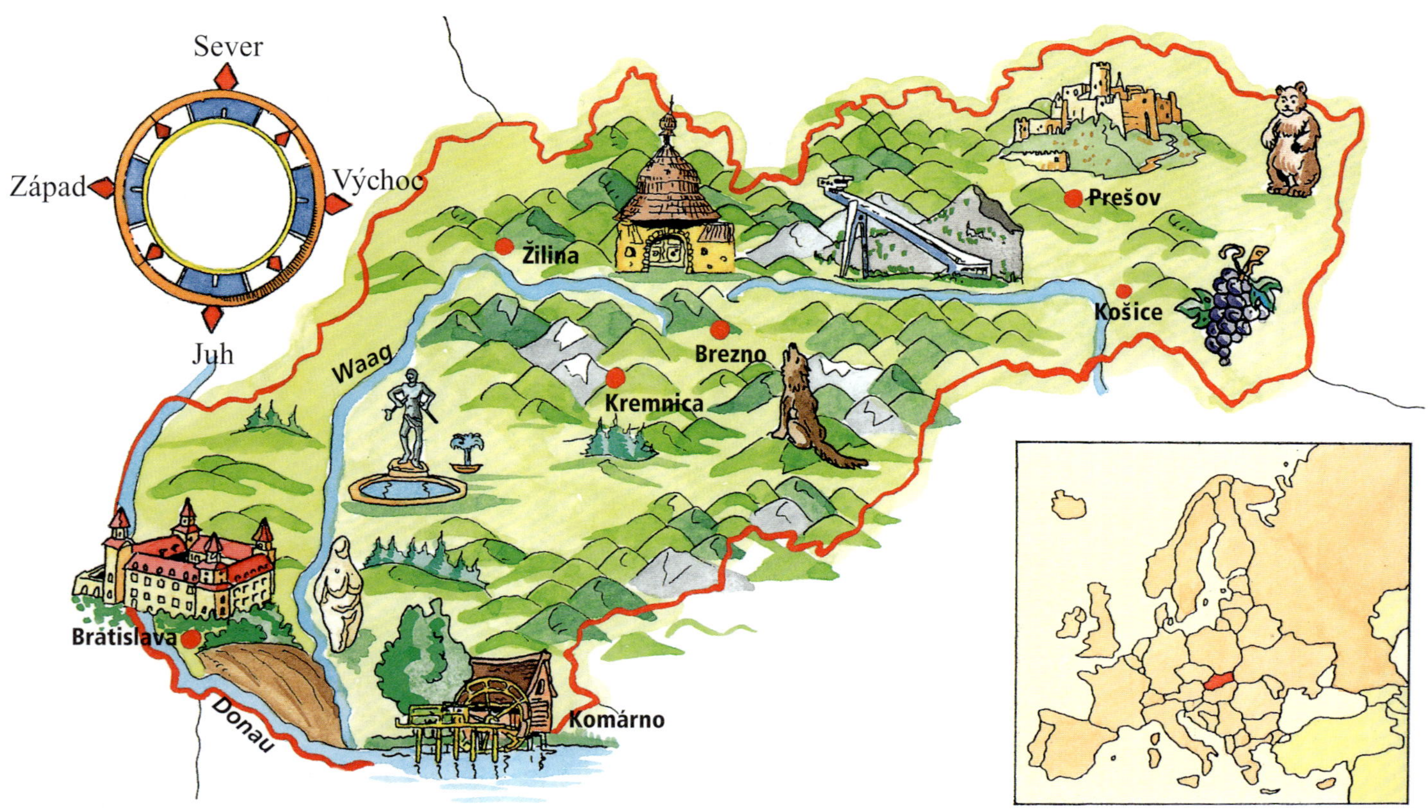

Slowakei

Die Slowakei ist ein Gebirgsland in der Mitte Europas mit vielen dichten Wäldern, in denen noch einige Bären, Wölfe und Luchse leben. Diese Wälder liefern viel Holz. Die Slowakei ist ein fruchtbares Land: In den Tiefebenen gedeihen Getreide, Gemüse, Zuckerrüben und Sonnenblumen, an den Hängen des Vorgebirgslandes Obst und Wein. In den Gebirgen wird Viehzucht betrieben. Erst seit 1993 ist die Slowakei selbstständig. Davor bildete sie mit Tschechien die Tschechoslowakei, die von 1945 bis 1989 von der Sowjetunion abhängig war. Nun baut das Land eine Industrie auf.

▼ **Weil die Slowakei reich an Wäldern ist, gibt es hier viele Holzhäuser. Oft sind sie mit Schnitzereien und bunten Bemalungen kunstvoll verziert.**

▲ **Von Juni bis September finden auf der Donau Floßfahrten statt. Die Flöße werden flussabwärts gesteuert. Dabei geht es auch über Stromschnellen, die jedoch ungefährlich sind.**

▲▶ **Die Brücke des slowakischen Nationalaufstandes in Bratislava überspannt in weitem Bogen die Donau. In dem 85 Meter hohen Brückenturm befindet sich ein Aussichtscafé.**

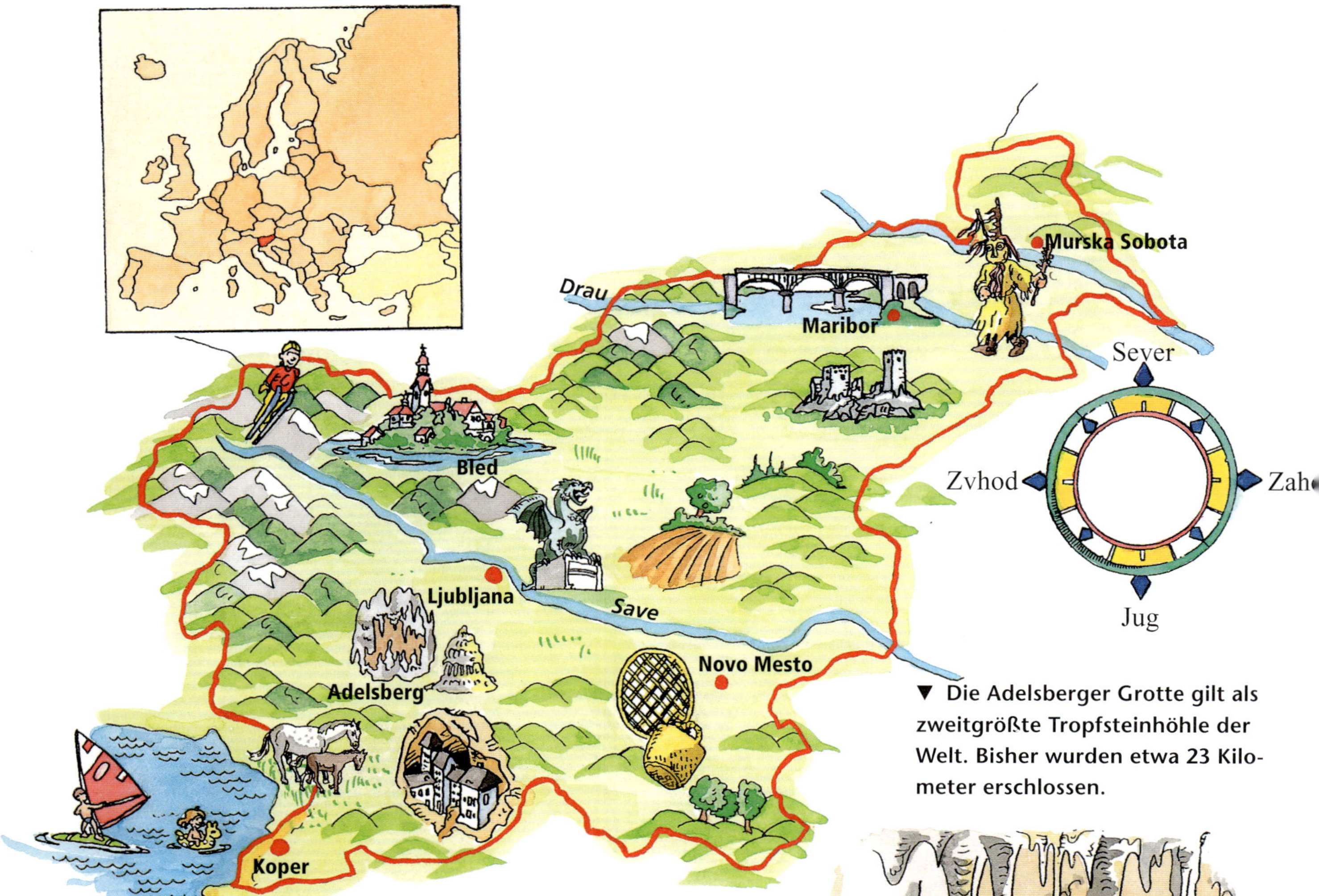

▼ Die Adelsberger Grotte gilt als zweitgrößte Tropfsteinhöhle der Welt. Bisher wurden etwa 23 Kilometer erschlossen.

▼ Slowenien besitzt zwar nur 40 Kilometer Adriaküste, aber hier liegen zahlreiche Hafen-, Fischer- und Badeorte. Auch zum Segeln lädt dieser Küstenabschnitt ein.

◀ An die Adriaküste schließt sich eine Karstlandschaft an. Das ist ein Kalksteingebiet mit geringem Pflanzenbewuchs. Hier gibt es zahlreiche Höhlen und unterirdische Flüsse. Wasser löst das Kalkgestein auf und schwemmt es weg.

Slowenien

Im Westen Sloweniens liegt das Gestüt Lipizza, auf dem seit 400 Jahren die weißen Lipizzanerpferde gezüchtet werden.
Auch Rinder- und Schweinezucht sind in Slowenien weit verbreitet.
Der Fremdenverkehr ist gut entwickelt, da es in Slowenien schöne Reiseziele gibt. In den Bergen kann man Wintersport treiben oder wandern. Außerdem laden See- und Heilbäder als Ferienorte ein.
Im Gegensatz zu Kroatien und Bosnien-Herzegowina löste sich Slowenien 1991 weitgehend friedlich vom früheren Jugoslawien ab.

▲ Über einem steilen Abgrund liegt die zum Teil in einen Höhleneingang gebaute Höhlenburg Predjamski Grad. Funde belegen, dass die Höhle hinter der Burg bereits in der Steinzeit bewohnt war.

▶ Der Drache ist das Wahrzeichen der Hauptstadt Ljubljana. Bereits vor einigen Jahrhunderten fand sich ein Drache auch im Stadtwappen. Heute schmückt er eine Brücke im Stadtzentrum.

▶ Die slowenischen Faschingsmasken sollen die bösen Wintergeister vertreiben, damit der Frühling kommen kann.

Fläche: 20 255 km²
Einwohner: 2 000 000
Hauptstadt: Ljubljana
Amtssprache: Slowenisch
Hauptreligion: Katholiken
Währung: 1 Tolar = 100 Stotin
Wichtigste Flüsse: Save, Drau
Höchste Erhebung: Triglav (2 863 m)

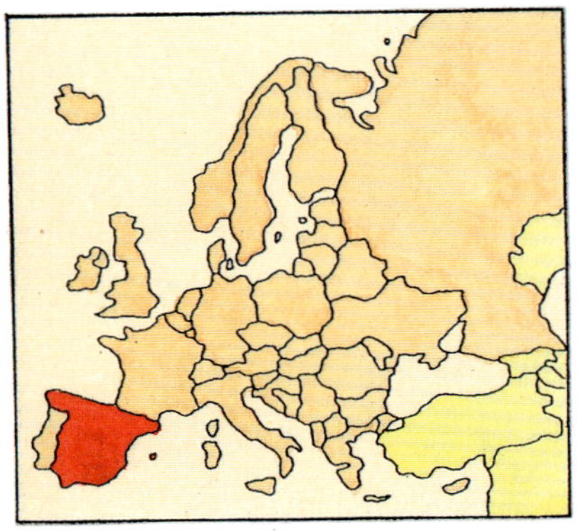

▲ Zur Inselgruppe der Balearen im Mittelmeer gehören die Urlaubsinseln Mallorca, Menorca, Formentera und Ibiza. In den Salzfeldern (Salinen) von Ibiza machen die Flamingos auf ihrem Weg nach Südafrika Zwischenstation.

▼ Die Kanaren sind eine Inselgruppe im Atlantik. Zu ihnen gehören Teneriffa, La Palma, Gran Canaria, Fuerteventura und Lanzarote.

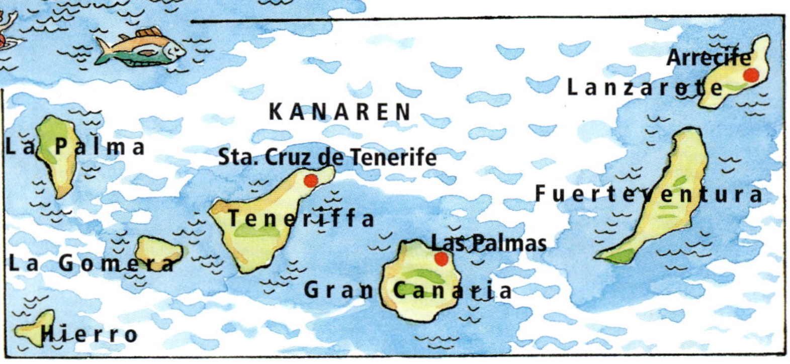

Spanien

Nach der Schweiz ist Spanien das gebirgigste Land Europas. Zwischen den hohen Gebirgsketten liegen zahlreiche Flussniederungen und weite Hochebenen, so dass Spanien landschaftlich sehr vielfältig wirkt. Dank künstlicher Bewässerung kann ein großer Teil des Landes landwirtschaftlich genutzt werden. Zitronen, Orangen, Weintrauben und Oliven gedeihen in dem sonnigen Land prächtig. Wein und Olivenöl sind wichtige Ausfuhrprodukte. Reis wird in der Region Valencia an der Mittelmeerküste angebaut. Von hier stammt das spanische Nationalgericht „Paella", das aus Safranreis, Meeresfrüchten, Fleisch und Gemüse besteht und weit über die Grenzen Spaniens hinaus bekannt ist. Berühmt ist Spanien auch für seine Stierkämpfe und den Flamenco, der zu feuriger Musik getanzt wird. Von der Zeit, als die Araber in Spanien lebten, zeugen noch heute zahlreiche Gebäude in Andalusien. Die Festung „Alhambra" in Granada gilt als ein Meisterwerk islamischer Baukunst in Europa.

Fläche: 505 990 km²
Einwohner: 40 000 000
Hauptstadt: Madrid
Amtssprache: Spanisch, Katalanisch, Galicisch, Baskisch
Hauptreligion: Katholiken
Währung: 1 Peseta = 100 Céntimos
Wichtigste Flüsse: Ebro, Tajo
Höchste Erhebung: Pico de Teide (3718 m) auf Teneriffa

▲ In Sevilla befindet sich die Grabstätte von Christoph Kolumbus, der im Auftrag der spanischen Krone den Seeweg nach Indien finden sollte und stattdessen Amerika entdeckte.

▲ Pablo Picasso (1881–1973) gilt als einer der bedeutendsten Künstler unseres Jahrhunderts. Die Bilder, Graphiken und Skulpturen des gebürtigen Spaniers sind weltberühmt.

◀ Die Costa Brava ist ein landschaftlich schöner Küstenstreifen am Mittelmeer mit vielen zerklüfteten Felsschluchten und kleinen Badebuchten.

▲ An Sonn- und Feiertagen finden in Spanien Stierkämpfe statt, die so genannten „Corridas". Heute setzen sich Tierschützer für ein Verbot der Stierkämpfe ein.

▲ In der La Mancha-Ebene in Kastilien kämpfte die berühmte Romanfigur Don Quijote, der von seinem Diener Sancho Panza begleitet wurde, gegen Windmühlen.

▲ In Barcelona kann man die fantasievollen Bauwerke des Architekten Gaudí besichtigen. Bei Kindern ist der Güell Park besonders beliebt, der eigentlich einmal eine richtige Gartenstadt werden sollte. Hier führt zum Beispiel eine witzige Treppe in einen Saal mit achtzig Säulen, dessen Decke aus Teilen von Tellern, Porzellanpuppen, Flaschen und Gläsern besteht.

▲ In der Hauptstadt Madrid steht der Kongresspalast, den ein großes Mosaik des großen spanischen Künstlers Joan Miró ziert.

◀ Der Löwenhof in der Alhambra

▼ In Granada erhebt sich die Alhambra, ein märchenhafter Palast aus der Zeit der Araber. Diese Festung, die im 13. und 14. Jh. erbaut wurde, hat wunderschöne Gärten, Innenhöfe und Springbrunnen.

▶ Böhmisches Glas ist in ganz Europa ein Begriff. Gegenstände aus Kristall und Bleiglas sind genauso begehrte Souvenirs wie kunstvolle Glasfiguren. Im Mittelalter schufen böhmische Handwerker bunte Glasfenster für Kirchen.

▲ Heilsame Quellen machten schon vor hundert Jahren Kurorte wie Karlovy Vary (Karlsbad) in ganz Europa bekannt. Gäste aus aller Welt erholen sich hier oft mehrere Wochen lang. Aber auch wer nur für einen Tag herkommt, kann vom Quellwasser kosten.

Fläche: 78 864 km²
Einwohner: 10 300 000
Hauptstadt: Prag
Amtssprache: Tschechisch
Hauptreligionen: Katholiken, Protestanten
Währung: 1 Tschechische Krone = 100 Heller
Wichtigste Flüsse: Moldau, Elbe
Höchste Erhebung: Schneekoppe (1603 m)

Tschechien

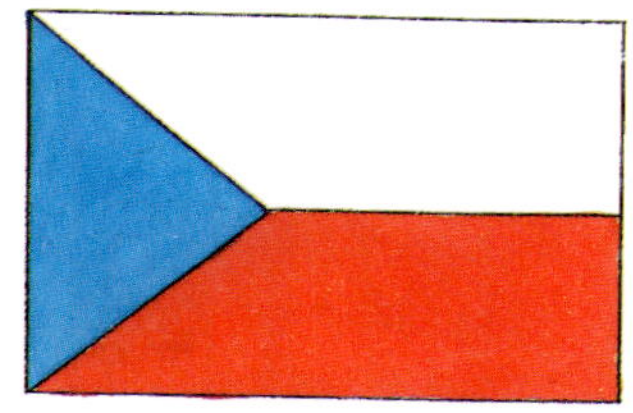

Prag wird „Stadt der hundert Türme“ und „Goldene Stadt“ genannt. Die Hauptstadt Tschechiens ist eines der Industriezentren des Landes. Tschechische Fahrzeuge, Glaswaren und Bier werden in alle Welt exportiert. Tschechien entstand 1993 nach der Trennung von der Slowakei.

▼ Liberec machte sich schon im Mittelalter einen Namen als Zentrum der Textilindustrie. Das große Rathaus auf dem Marktplatz hat einen 56 Meter hohen Turm, der eine Aussicht über das ganze Land gewährt. Vorbild für diesen Bau war das Wiener Rathaus.

▼ Die Karlsbrücke ist eines der Wahrzeichen von Prag. Sie verbindet die Altstadt mit der Prager Burg, dem „Hradschin“. Die über 500 Meter lange und zehn Meter breite Brücke führt über die Moldau. Sie ist gesäumt von alten Laternen und Heiligenfiguren.

▼ Speibl und Hurvinek sind zwei Figuren des bekannten Prager Marionettentheaters. Aus Tschechien kommen auch beliebte Kinderfilme wie „Pan Tau“ oder Märchenfilme.

Fläche: 779 452 km^2
Einwohner: 60 800 000
Hauptstadt: Ankara
Amtssprache: Türkisch
Hauptreligion: Muslime
Währung: 1 Türkische Lira = 100 Kurus
Wichtigste Flüsse: Kizilirmak, Euphrat
Höchste Erhebung: Ararat (5165 m)

Türkei

Obwohl die Türkei zu Europa zählt, liegt der größte Teil des Landes in Asien. Dieses Kernstück der Türkei heißt Anatolien und ist eine von Steppe bedeckte Hochebene. Die Türkei entstand nach dem Ende des Osmanischen Reiches, das vom 13. bis zum 16. Jh. eine Großmacht in Europa war. Die Einwohner des Landes bekennen sich fast alle zur Religion des Islam. Die türkische Küche ist bekannt für am Drehspieß gegrilltes Hammel- und Lammfleisch, Fladenbrot, pikant oder süß gewürzten Joghurt und vielfältige Gemüsegerichte. Das Ende einer Hauptmahlzeit bilden Süßigkeiten wie zum Beispiel „Türkischer Honig". Eingekauft wird oft auf dem Basar, wie der Markt hier heißt. Hier herrscht buntes Treiben und lautstark wird um die Preise gefeilscht. Der Westen des Landes ist industriell entwickelt. An den Stränden im Süden hat sich Massentourismus entwickelt. Die Landwirtschaft bestimmt hingegen das Leben im Osten des Landes, wo Baumwolle, Obst, Gemüse und Tee gedeihen. Am Schwarzen Meer reifen mehr als die Hälfte aller Haselnüsse der Welt. Wichtig für den Export sind auch Trockenfrüchte wie Aprikosen oder Knoblauch.

▼ Istanbul ist die einzige Stadt der Welt, die auf zwei Kontinenten liegt: in Europa und Asien. Die Meerenge Bosporus verläuft mitten durch Istanbul und trennt Europa von Asien. In weitem Bogen überspannt die Fatih-Sultan-Mehmet-Brücke den Bosporus.

▼ Mitten in Anatolien liegt Kappadokien. Vulkanausbrüche vor Millionen von Jahren bedeckten die Landschaft mit einer Lavaschicht. Aus diesem weichen Gestein schufen Wind und Wetter eine bizarre Landschaft aus sogenannten Feenkaminen. Dort hinein gruben sich die Menschen Wohnungen und unterirdische Städte.

▶ Das Handwerk des Teppichknüpfens wird seit hunderten von Jahren in der Türkei betrieben. Die farbenprächtigen Teppiche werden in alle Welt exportiert und sind beliebte Souvenirs bei den Touristen.

◀ Der türkische Schelm Nasreddin Hodscha ist dem deutschen Till Eulenspiegel sehr ähnlich. Auf seinem Esel zog er im 13. Jh. in Anatolien umher und hielt die reichen Leute zum Narren. Die wahren und erfundenen Geschichten über ihn werden bis heute in der Türkei erzählt.

▲ Mittelpunkt einer türkischen Stadt ist der Basar. Auf diesem Markt herrscht buntes Treiben, lautstark preisen die Händler ihre Waren an. Das Feilschen um die Preise gehört zum Einkauf dazu.

▲ Um die Stadt Troja, die am Ägäischen Meer liegt, ranken sich viele Sagen der Antike. Die Sage vom Trojanischen Pferd berichtet, dass sich griechische Krieger im Bauch eines riesigen hölzernen Pferdes versteckten. Als die Bürger des belagerten Troja das Pferd hinter ihre Stadtmauern zogen, sprangen in der Nacht die Griechen heraus und nahmen die Stadt ein.

◀ Die Volkstrachten der Frauen sind bunt bestickt und mit Münzen geschmückt. Aus religiösen Gründen besitzen Frauen nicht die gleichen Rechte wie die Männer. Ihr Leben spielt sich vorwiegend im häuslichen Bereich ab.

▲ Bei Fethiye an der Südküste sind Felsengräber zu besichtigen. Darin bestatteten die Lykier ihre Toten, damit sie dem Himmel nahe kamen. Die Lykier waren ein Volk der Antike, das von der griechischen Insel Kreta eingewandert war.

▲ „Baumwollschloss“ werden die Kalksteinterrassen von Pamukkale auch genannt. Hier gibt es Thermalquellen, denen eine heilende Wirkung zugesprochen wird.

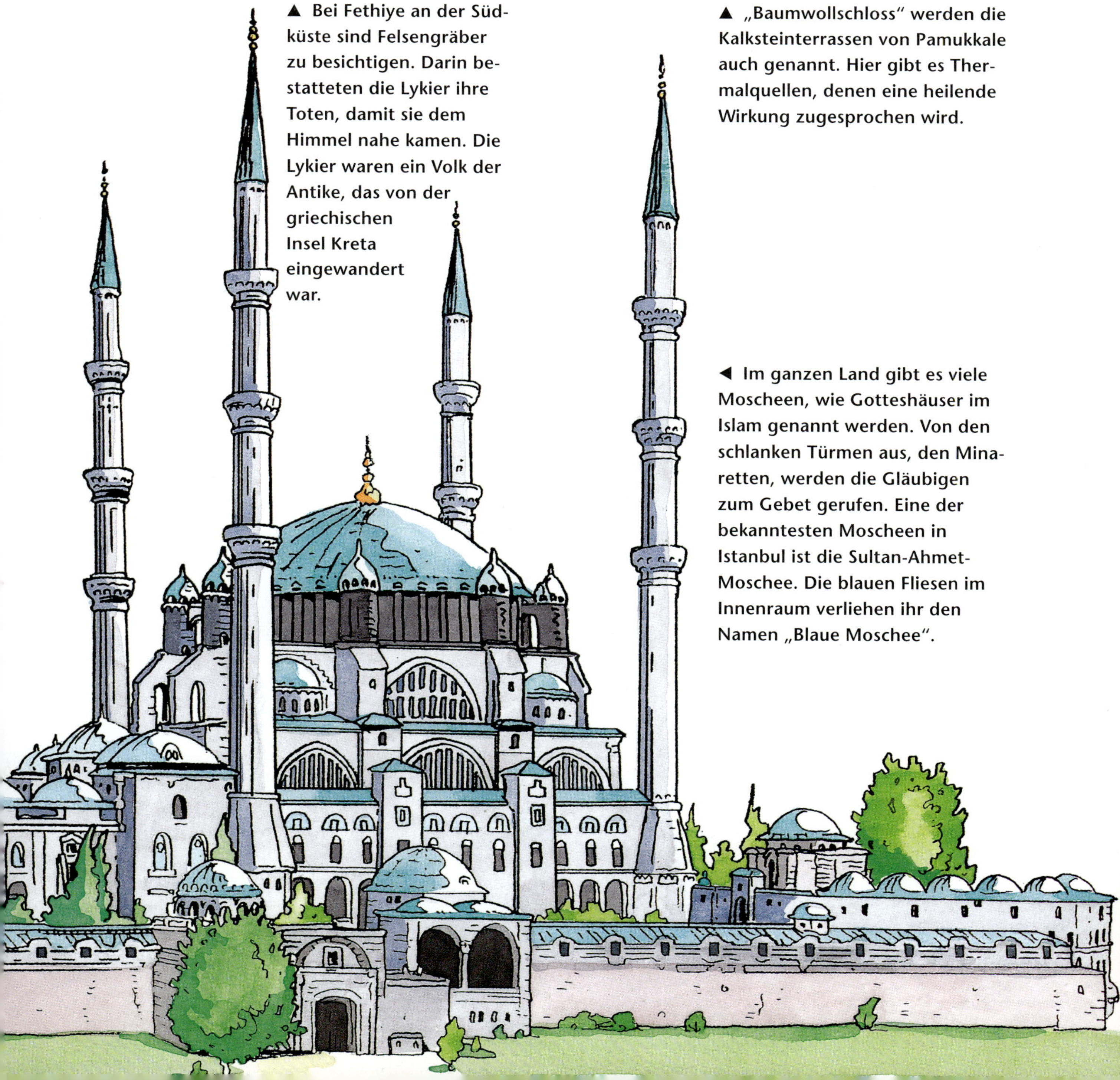

◀ Im ganzen Land gibt es viele Moscheen, wie Gotteshäuser im Islam genannt werden. Von den schlanken Türmen aus, den Minaretten, werden die Gläubigen zum Gebet gerufen. Eine der bekanntesten Moscheen in Istanbul ist die Sultan-Ahmet-Moschee. Die blauen Fliesen im Innenraum verliehen ihr den Namen „Blaue Moschee“.

Fläche: 603 700 km²
Einwohner: 51 500 000
Hauptstadt: Kiew
Amtssprache: Ukrainisch, Russisch
Hauptreligion: Orthodoxe
Währung: 1 Griwna = 100 Kopijken
Wichtigste Flüsse: Dnjepr, Bug
Höchste Erhebung: Gowerla (2 061 m)

▲ Den Menschen in der Ukraine sagt man nach, dass sie ein Gefühl für Schönheit haben und tief verbunden mit der Natur leben. Das trifft besonders auf die Malerin und Bäuerin Marija Prymatschenko zu. Ihre farbenfrohen Bilder strahlen Lebensfreude aus.

▼ Eine der Sehenswürdigkeiten von Kiew ist das Höhlenkloster Lawra. Es wurde im 11. Jh. ganz dicht am Steilufer des Flusses Dnjepr erbaut. Das Besondere an diesem Kloster ist, dass die in seinen Höhlen bestatteten Toten zu Mumien wurden.

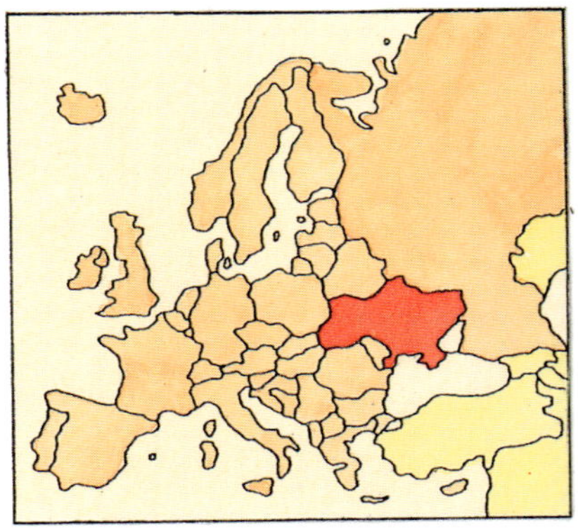

Ukraine

Die Ukraine ist das zweitgrößte Land Europas. Der Name bedeutet „Grenzland“. Damit war seine Lage am Rande Russlands gemeint, dem es lange Zeit zugerechnet wurde. Kiew gilt sogar als „Mutter der russischen Städte“. Zuletzt war die Ukraine Teil der Sowjetunion. Seit 1991 ist sie ein selbstständiger Staat, der sich um Zugang zu Westeuropa bemüht. Die Ukraine besitzt große Vorkommen an Kohle und Erzen. Eisen wird hier seit über 100 Jahren hergestellt und verarbeitet. Zudem hat dieses überwiegend flache Land äußerst fruchtbare Böden, auf dem neben Getreide auch Sonnenblumen und Zuckerrüben angebaut werden.

▲ **Lebhaft geht es während der Markttage zu, die regelmäßig in vielen Städten stattfinden. Obst, Gemüse und Gewürze, aber auch Gebrauchsgegenstände werden angeboten.**

▼ **In Tschernobyl dicht an der Grenze zu Weißrussland gab es im April 1986 eine Katastrophe. Durch einen Unfall trat aus dem Kernkraftwerk eine radioaktive Wolke aus. Menschen mussten umgesiedelt und Felder stillgelegt werden. Bis heute ist das Gebiet durch radioaktive Strahlung verseucht.**

▶ **Auf der Halbinsel Krim am Schwarzen Meer steht auf einem steil aus dem Meer ragenden Felsen eine kleine Burg, das so genannte „Schwalbennest“.**

▼ Etwa 40 Prozent aller Paprikaschoten werden in Ungarn angebaut. Der größte Teil davon wird getrocknet und zu Pulver verarbeitet.

Ungarn

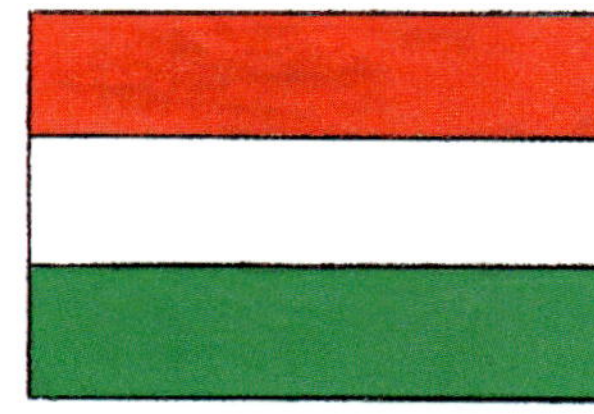

In Ungarn leben viele verschiedene Volksgruppen, zum Beispiel Sinti und Roma, Slowaken, Kroaten, Deutsche und Rumänen. Die Ungarn selbst stammen vom Reitervolk der Magyaren ab. Weit über die Grenzen des Landes hinaus bekannt ist Gulasch, ein Gericht aus Fleischwürfeln, Paprika und Kartoffeln, wobei die Ungarn ihr „gulyás" jedoch als Eintopf essen. Warme Sommer und milde Winter lassen reiche Ernten an Obst und Gemüse reifen, aber auch Wein, Mais und Sonnenblumen gedeihen hier gut.

1989 befreite sich das Land aus der Abhängigkeit von der Sowjetunion. Seitdem wird Ungarn auch für Touristen immer interessanter. Sie besuchen vor allem Budapest, die ungarische Steppe, die „Puszta", und den Plattensee (Ungarisch: Balaton).
Ungarn ist ein überwiegend flaches Land, die Große Ungarische Tiefebene nimmt mehr als die Hälfte der Fläche ein. Nur im Norden und im Westen gibt es mit dem Mátra und dem Bükk zwei Mittelgebirge.

▼ Auf sieben Brücken kann man in Budapest die Donau überqueren. Die bekannteste davon ist die Kettenbrücke. Auf jeder Seite liegen zwei Löwenfiguren. Die Budapester erzählen dazu diese Geschichte: Als der Bildhauer bemerkte, dass er in den Mäulern der Löwen die Zungen vergessen hatte, stürzte er sich in die Donau.

Fläche: 93 030 km²
Einwohner: 10 300 000
Hauptstadt: Budapest
Amtssprache: Ungarisch
Hauptreligion: Katholiken, Calvinisten
Währung: 1 Forint = 100 Filler
Wichtigste Flüsse: Donau, Theiß
Höchste Erhebung: Kékes (1015 m)

▲ Lieblingshund der Ungarn ist der Puli. Dieser wachsame und lebendige Hirtenhund hat ein langes, verfilztes Fell, das meist schwarz ist, das aber auch weiß sein kann.

▲ Eine ungarische Besonderheit sind die bunt bemalten Ostereier, die in viele Länder exportiert werden.

▶ In vielen Lokalen spielt der Primás auf. Der Stehgeiger geht zwischen den Tischen herum und erfüllt Liederwünsche der Gäste. An einem festen Platz im Hintergrund sitzt die „Bande“, wie die Kapelle genannt wird.

◀ In Ungarn werden viele gute Weine angebaut. Die bekanntesten sind der Tokajer, ein weißer Dessertwein aus dem Ort Tokaj, und „Stierblut“, ein Rotwein aus Eger. In Eger befindet sich auch ein Weinberg, in dem unzählige Weinkeller für ihre Gäste geöffnet haben. Dieses Gebiet wird „Tal der schönen Frauen“ genannt.

▼ Auf Schauvorführungen zeigt der Csikós sein Können. Bis zu fünf Tiere lenkt der Pferdehirte in einem Gespann. Andere Reiter veranstalten Wettrennen oder zeigen Kunststücke auf dem Rücken der Pferde.

▲ Dieses Standbild zeigt Stephan I., der im Jahr 1000 zum König von Ungarn gekrönt wurde. Unter seiner Führung wurden die verschiedenen Stämme der Ungarn sesshaft. Weil er die Ungarn zum Christentum bekehrte, hat man ihn später heilig gesprochen.

▲ In Kecskemét steht der Cifra-Palast, der „Bunte Palast". Auffallend sind die geschwungenen Formen und die bunten Glasfenster, deren Ornamente den Mustern ungarischer Stickerei ähnlich sind. Im Cifra-Palast befindet sich eine Bildergalerie, in der vor allem Werke ungarischer Maler des 19. Jh. ausgestellt sind.

▼ Seit Jahrhunderten wird in der Puszta, der ungarischen Steppe, das Wassser von Ziehbrunnen aus der Erde geholt. Weil dabei Gas entweicht, kann man an dem Wasser der Puszta sogar ein kleines Feuer entzünden!

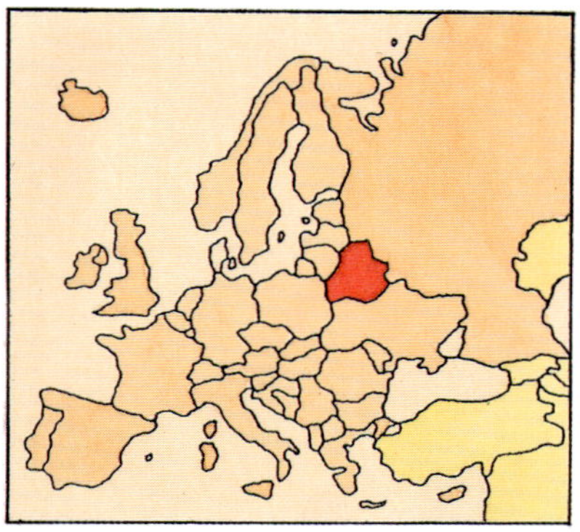

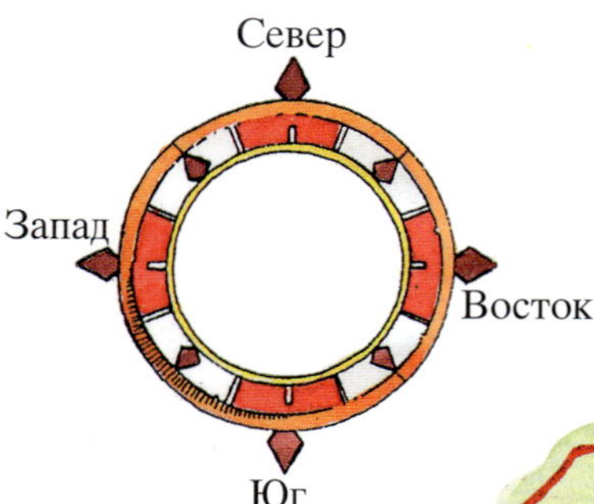

Fläche: 207 595 km²
Einwohner: 10 400 000
Hauptstadt: Minsk
Amtssprachen: Weißrussisch, Russisch
Hauptreligionen: Russisch-Orthodoxe, Katholiken
Währung: 1 Belarus-Rubel = 100 Kopeken
Wichtigste Flüsse: Dnjepr, Pripjet
Höchste Erhebung: Dzerdžinskaja (346 m)

▲ Die Hauptstadt Minsk ist das industrielle, wissenschaftliche und kulturelle Zentrum Weißrusslands. So gibt es hier auch zahlreiche Kulturhäuser. Eines davon ist der „Kulturpalast der Gewerkschaften".

Weißrussland

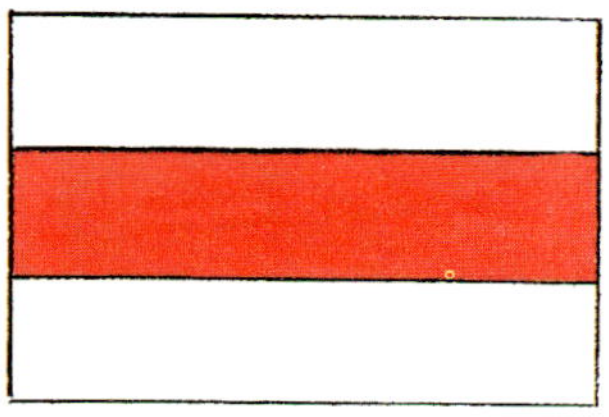

Weißrussland ist ein überwiegend flaches Land mit viel Wald, der an vielen Stellen von Sümpfen durchsetzt ist. So sind die Pripjetsümpfe im Süden des Landes eines der größten zusammenhängenden Sumpfgebiete Europas. Vor allem im Sommer regnet es viel. Seit 1991 ist Weißrussland ein unabhängiger Staat. Zuvor gehörte es zur Sowjetunion. Es gibt Bestrebungen, sich wieder Russland anzuschließen.

▼ In Weißrussland wird seit langem die Kunst des klassischen Balletts gepflegt. Eines der bekanntesten Ensembles ist das am „Staatlichen Akademischen Oper- und Ballett-Wialiki-Theater" in der Hauptstadt Minsk.

▼ In den weiten, unberührten Wäldern Weißrusslands leben viele Tiere. Sogar Wisente gibt es hier, die bis zu 180 Zentimeter groß werden können. Sie waren früher über ganz Europa verbreitet, heute wird ihr Bestand in Weißrussland sorgsam geschützt. Der Wisent ist auch das Wappentier der BELAS-Werke, die Lastkraftwagen und Bagger herstellen.

◀ Weißrussland hat eine gut entwickelte Industrie. Maschinenbau und Metallverarbeitung machen ein Viertel davon aus. Es werden vor allem landwirtschaftliche Maschinen wie Traktoren, Mähdrescher und Lastkraftwagen hergestellt.

▶ Die nassen Böden müssen meist erst entwässert werden, bevor man sie als Ackerland nutzen kann. Mit speziellen Maschinen werden Gräben gezogen, in die das Wasser dann abfließt.

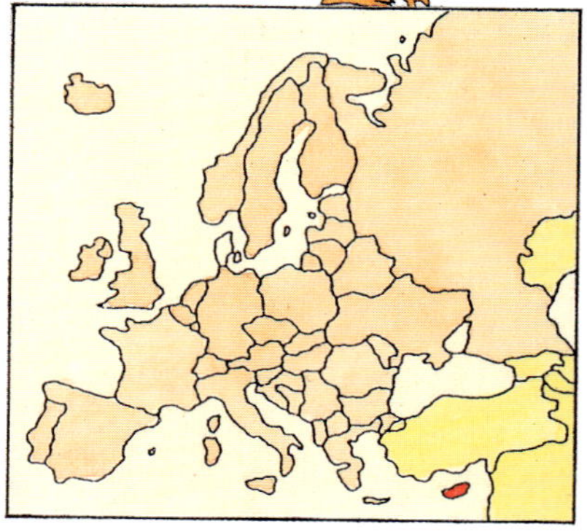

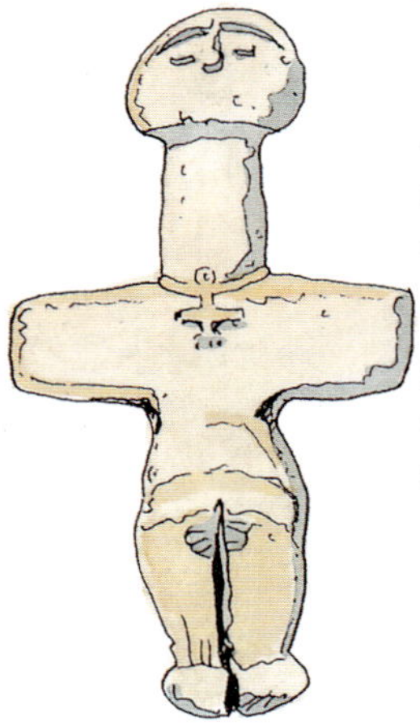

◀ Überreste steinzeitlicher Siedlungen und Funde wie kleine, einfache Menschenfiguren oder Tonkrüge aus Jungsteinzeit, Kupfer- und Eisenzeit geben Auskunft über das Leben der Menschen vor vielen Tausend Jahren.

▼ Auf Zypern finden sich Reste römischer Bauwerke mit eindrucksvollen Mosaikbildern und -böden.

Zypern

Die Insel Zypern liegt im Schnittpunkt der drei Kontinente Afrika, Asien und Europa. Da sie nur 65 Kilometer von Kleinasien entfernt liegt, gehört sie naturgeographisch gesehen zu Asien. Politisch wird sie aber Europa zugerechnet. Seit 1974 ist Zypern geteilt. Der Norden ist von Türken besetzt, der Südteil des Landes ist jedoch griechisch geblieben. Sogar durch die Hauptstadt Nikosia verläuft die Grenze. Im griechischen Teil des Landes hat sich dank sonnigem Klima, reizvoller Landschaften, schöner Badestrände und historischer Sehenswürdigkeiten zunehmend Fremdenverkehr entwickelt.

▲ In den zahlreichen Klöstern werden Ikonen gemalt. Ikonen sind Bilder mit frommem Inhalt. Sie werden von der Bevölkerung verehrt.

Fläche: 9251 km²
Einwohner: 800 000
Hauptstadt: Nikosia
Amtssprache: Griechisch, Türkisch
Hauptreligionen: orthodoxe Christen, sunnitische Muslime
Währung: 1 Zypern-Pfund = 100 Cents
Wichtigster Fluss: Pedieios
Höchste Erhebung: Olympos (1953 m)

▲ Vor allem ältere Leute flechten noch heute aus Bast oder Binsen Obstkörbchen oder Kartoffelkörbe. Auch Dächer aus Schilf entstehen so.

Andorra

Das Fürstentum Andorra ist erst seit 1993 ein selbstständiger Staat. Es hat die höchstgelegene Hauptstadt Europas. Touristen kommen vor allem zum Bergsteigen und Skifahren in den Zwergstaat. Für viele ist aber auch interessant, dass sie dort zollfrei und fast steuerfrei einkaufen können.

▼ **Das vom Mittelmeer beeinflusste Gebirgsklima und die hohe Lage schaffen hervorragende Bedingungen für Leistungssport. Andorra la Vella ist ein internationales Sportzentrum.**

Fläche: 467,76 km^2
Einwohner: 64 000
Hauptstadt: Andorra la Vella
Amtssprache: Katalanisch
Hauptreligion: Katholiken
Währung: Französischer Franc und Spanische Peseta
Wichtigster Fluss: Valira
Höchste Erhebung: Coma Pedrosa (2946 m)

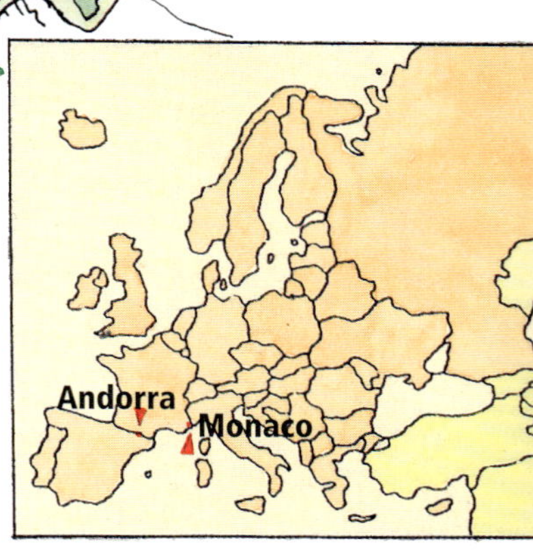

Fläche: 1,95 km²
Einwohner: 32 000
Hauptstadt: Monaco
Amtssprache: Französisch
Hauptreligionen: Katholiken, Protestanten
Währung: 1 Französischer Franc = 100 Centimes

▲ Bereits 1878 wurde das Spielcasino von Monte Carlo erbaut. In den reich dekorierten Spielsälen werden viele europäischen Glücksspiele angeboten.

▼ Auf dem Felsen „Rocher de Monaco" wurde im Jahr 1215 eine Burg gebaut – das heutige fürstliche Palais der Grimaldis. Jeden Tag findet auf dem Palastplatz die pracht- und klangvolle Wachablösung der Fürstengarde statt.

Monaco

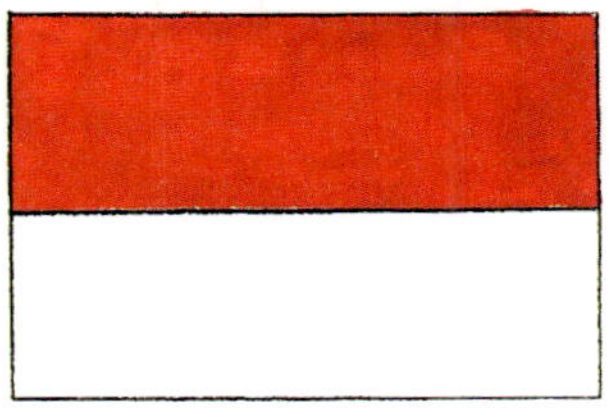

Das winzige Fürstentum Monaco liegt am Mittelmeer. Die fürstliche Familie der Grimaldis hat hier ihren Palast. Viele Ausländer leben im Zwergstaat, da sie dort kaum Steuern zahlen müssen. Berühmt ist das Land auch für seine Autorennen „Rallye Monte Carlo" und „Der Große Preis von Monaco".

▶ Im Exotischen Garten mit seinen mehreren tausend Pflanzenarten gedeihen mexikanische und südamerikanische Kakteen, die zum Teil schon über 100 Jahre alt sind. Im Innern dieses Gartens, 60 Meter tief im Felsen, liegt die Prähistorische Grotte des Meeresobservatoriums.

San Marino

Der älteste Staat Europas, der schon seit 1599 in seiner heutigen Form besteht, liegt mitten in Italien – San Marino.
Mit Italien ist dieses kleine Bergland freundschaftlich verbunden. Außerdem bestehen viele wirtschaftliche Kontakte zwischen den beiden Ländern. Die Einnahmen San Marinos kommen aus dem Verkauf von Briefmarken und vor allem aus dem Tourismus – mehr als drei Millionen Menschen besuchen jährlich dieses kleine Land.

◀ **Die Stadt San Marino hat sich ihren mittelalterlichen Charakter bewahrt. Mittelpunkt ist der Freiheitsplatz, auf dem der Regierungspalast steht. Er wurde im 15. Jh. erbaut und 1894 sorgfältig restauriert.**

◀ **Der Kalkfelsen Monte Titano (750 Meter hoch) besteht aus drei Gipfeln. Auf jedem befindet sich eine Festung. Die bekannteste ist die „Cesta" aus dem 13. Jh. Viele Steinstufen führen zu ihr hinauf.**

Fläche: 60,5 km²
Einwohner: 24 500
Hauptstadt: San Marino
Amtssprache: Italienisch
Hauptreligion: Katholiken
Währung: Italienische Lira und Lira von San Marino
Wichtigste Flüsse: Ausa, Marano
Höchste Erhebung: Monte Titano (750 m)

Vatikanstadt

Vatikanstadt, auch kurz „Vatikan“ genannt, ist das kleinste Land der Welt. Dabei handelt es sich um einen Kirchenstaat am Ufer des Tiber inmitten der italienischen Hauptstadt Rom. Spenden von Gläubigen aus aller Welt, Verkauf von Münzen und vor allem Briefmarken finanzieren die Verwaltung, einen eigenen Radiosender und eine Tageszeitung.

▶ Der Papst ist ist das Oberhaupt von Vatikanstadt und der höchste Würdenträger der katholischen Kirche. Er wird von Kardinälen aus aller Welt gewählt. Diese Wahl gilt auf Lebenszeit. Er kann jedoch freiwillig zurücktreten. Auf vielen Reisen besucht er Gläubige auch in fernen Ländern.

◀ Das Zentrum von Vatikanstadt ist der Petersplatz mit dem Petersdom. Der Dom wurde 1626 eingeweiht, ist über 200 Meter lang und mit der Kuppel fast 140 Meter hoch. Über dem Säulengang liegt der „Apostolische Palast“ mit den Wohnräumen des Papstes. Im zweiten Fenster von rechts zeigt sich der Papst am Sonntag und segnet die auf dem Platz versammelten Gläubigen.

▶ Mit Hellebarde und in gelb-rot-blauer Uniform bewacht die Schweizergarde seit Jahrhunderten die Päpste. Nur katholische Schweizer dürfen Mitglied werden.

Fläche: 0,44 km2
Einwohner: 810
Hauptstadt: -
Amtssprachen: Latein, Italienisch
Hauptreligion: Katholiken
Währung: Italienische Lira und Vatikanische Lira

Lies mal weiter!

Die Sage von Zeus und Europa

Der Erdteil Europa erhielt seinen Namen von einer Prinzessin, die sich mit dem griechischen Götterkönig Zeus vermählte. Darüber berichtet eine griechische Sage.
Bis ins 18. Jahrhundert hat diese Sage europäische Künstler aus den verschiedensten Ländern zu beeindruckenden Gemälden und Skulpturen angeregt. Außerdem gibt es Theaterstücke und Opern über die Geschichte von Zeus und Europa.

Der Sage nach lebte an der asiatischen Mittelmeerküste, im heutigen Libanon, eine Prinzessin namens Europa. Ihr Vater war der König Agenor. Eines Nachts träumte Europa, dass sich zwei Länder in Frauengestalt um sie stritten. Die eine, das Land Asien, wollte, dass sie blieb. Die andere, das Land gegenüber, hatte vom Götterkönig Zeus den Befehl erhalten, sie aufs Meer hinauszuziehen.

Am Morgen nach dem Traum pflückte die Prinzessin am Meeresufer Blumen. Da entstieg ein mächtiger, aber friedlicher Stier dem Wasser. Er überredete Europa, sich auf seinen Rücken zu setzen und flog davon. Unterwegs gestand er Europa, dass er der Götterkönig Zeus sei und sich in ein Tier verwandelt habe. Er entführte sie auf die griechische Insel Kreta und machte sie zu seiner Frau.

Die Donau – ein europäischer Fluss

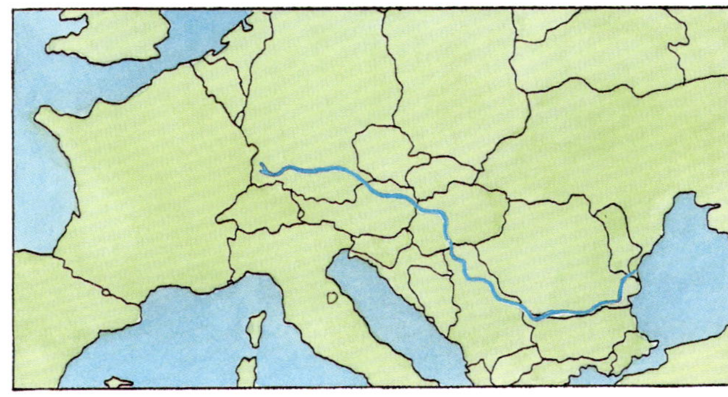

So fließt die Donau durch Europa

Die Donau ist mit 2858 Kilometern nach der Wolga der zweitlängste Fluss Europas. Sie entspringt im Schwarzwald im Süden Deutschlands. Bei Donaueschingen vereinigen sich ihre beiden Quellflüsse Brigach und Breg. Auf ihrem Weg durch Europa fließt die Donau durch zehn Länder (Deutschland, Österreich, Slowakei, Ungarn, Kroatien, Jugoslawien, Rumänien, Bulgarien, Moldawien, Ukraine) und vier Hauptstädte (Wien, Budapest, Bratislava, Belgrad). In Rumänien teilt sie sich in drei größere Flussarme und bildet das Donaudelta. Durch den Main-Donau-Kanal besteht eine durchgehende Verbindung vom Schwarzen Meer bis zur Nordsee.

Die Namen der Donau

Viele verschiedene Sprachen werden entlang der Donau gesprochen, aber ihr Name klingt überall ähnlich. In Deutschland und Österreich heißt sie „Donau“, in der Slowakei „Dunaij“, in Ungarn und Jugoslawien „Duna“, in Bulgarien „Dunav“ und in Rumänien „Dunarea“. Früher wurde die Donau als heiliger Fluss verehrt. Viele Märchen und Sagen, aber auch Gedichte und Lieder erzählen von ihr. Darin wird sie auf dem Balkan „weiße“, in Ungarn „blonde“ und in Österreich „schöne, blaue“ Donau genannt.

Eingriffe in den Flussverlauf

Bereits im Mittelalter begannen die Menschen, den Verlauf der Donau zu ändern. Wirklich eingreifende Veränderungen gab es jedoch erst seit Anfang des 19. Jh. Seit dieser Zeit werden Dämme und Kanäle gebaut, wird die Donau aufgestaut und umgeleitet. Alle diese Maßnahmen haben drei Ziele: Schutz vor Überschwemmungen und Nutzung der Donau zur Energiegewinnung sowie als Wasserstraße. 1830 fuhren die ersten Dampfschiffe. Seitdem gibt es diesen Zungenbrecher: Donaudampfschifffahrtsgesellschaftsfährmeisterprüfungszeugnis.

Nutzung der Wasserkraft

Neben der Schifffahrt hat die Donau noch eine andere wirtschaftliche Bedeutung: Ihre Wasserkraft wird für die Energiegewinnung genutzt. Dazu wird der Fluss aufgestaut. Das Wasser stürzt in die Tiefe und treibt dabei Turbinen an, die Strom erzeugen.

Überschwemmungen und Malaria

Ursprünglich war die Donau ein ungezügelter Fluss. Es kam immer wieder zu Überschwemmungen – mitunter verschwanden ganze Dörfer unter den Wasserfluten! Entlang der Donau entstanden sehr fruchtbare Landschaften, denn die regelmäßigen Überschwemmungen brachten viele Nährstoffe heran. Man nennt diese Gebiete „Donau-Auen". Dort leben verschiedene Entenarten, Eisvögel und die Rohrweihe. Hier wachsen Silberweiden und Pappeln, Teichrosen und Schilf. Die Donau-Auen bei Wien wurden zum Nationalpark erklärt. Um Wien herum gab es früher viele Sümpfe. Dort hatten Mücken ihre Brutstätten, die die gefährliche Krankheit Malaria auf Menschen übertrugen. Heute sind diese Sümpfe jedoch trockengelegt und die Gefahr der Malariaübertragung ist gebannt.

Naturschutz

Alle Eingriffe in den Lauf der Donau erfordern einen behutsamen Umgang mit der Natur. Oft wird nach Abschluss der Bauarbeiten der ursprüngliche Zustand der Natur wieder hergestellt. Dann werden die einheimischen Pflanzen wieder ausgesät und im Lauf der Jahre kehren auch die Tiere zurück. Dies gelingt jedoch nicht immer. Wenn zum Beispiel die Donau umgeleitet oder aufgestaut wird, trocknen ihre natürlich entstandenen Auen aus. So gibt es zum Beispiel nach dem Donauausbau zwischen Regensburg und Straubing dort nur noch halb so viele Tier- und Pflanzenarten wie früher.

Urlaub und Erholung

Die Donau fließt durch viele schöne Landschaften. An ihren Ufern kann man bequem spazieren gehen oder radeln. Auf Bergen entlang der Donau stehen Burgen und Klöster, die man besichtigen kann. Ausflugs- und Kreuzfahrtschiffe bieten interessante Fahrten an, manchmal sogar bis zum Schwarzen Meer.

Die europäischen Gebirge

Alpen (1)

Die Alpen sind Europas größtes und höchstes Gebirge. In weitem Bogen erstrecken sie sich über sieben Länder. Sie sind 1200 Kilometer lang und 135 bis 250 Kilometer breit. Je nach Höhenlage wachsen unterschiedliche Pflanzen. In den Tälern gibt es Laub- und Mischwald, außerdem gedeihen hier Obst und Getreide. Daran schließt sich Nadelwald an. Die Waldgrenze liegt bei 1800 bis 2200 Meter Höhe. Weiter oben wachsen nur noch Büsche und Gras. Auf den Almwiesen weiden Kühe, die meist frei herumlaufen dürfen. In großen Höhen wachsen keine Pflanzen, weil es zu kalt ist und sich auf dem Felsgestein keine Erde befindet. Die allerhöchsten Gipfel liegen unter ewigem Schnee und Eis.

Pyrenäen (2)

Die Pyrenäen sind ein Hochgebirge im Südwesten Europas, das sich über 435 Kilometer vom Atlantik (Golf von Biskaya) bis zum Mittelmeer (Golfe du Lion) erstreckt. Es trennt Spanien von Frankreich. Im östlichen Teil des Gebirges liegt Andorra. Mit 3404 Metern ist der Pico de Aneto die höchste Erhebung. Die Pyrenäen sind wegen den Sportmöglichkeiten, den Thermalbädern und Nationalparks ein beliebtes Urlaubsziel.

Der höchste Berg

Der höchste Berg Europas ist mit 4807 Metern der Montblanc an der Grenze zwischen Frankreich und Italien. Sein Name heißt übersetzt „Weißer Berg". Durch den Berg führt ein Tunnel von Frankreich nach Italien.

Ural (5)

Der Ural ist ein Mittelgebirge in Russland, an dessen Ostseite die geographische Grenze zwischen Europa und Asien verläuft. Höchster Berg ist der Narodnaja mit 1894 Metern, die Gesamtlänge des Ural beträgt 2000 Kilometer. In seinem Inneren birgt der Ural wertvolle Bodenschätze wie Erze, Salze, Erdgas und Diamanten. Deshalb ist er zu einem Industrieachse geworden, vor allem Betriebe der Schwer- und chemischen Industrie haben sich hier angesiedelt.

Im Norden grenzt der Ural an die russische Doppelinsel Nowaja Semlja, im Süden an die kasachischen Mugodžary-Berge. Mit ihnen ist er insgesamt 3000 Kilometer lang und bildet das sogenannte Ural-System. Dessen Verlauf durchquert fast alle Klimazonen Europas, vom ewigen Eis der Gletscher über Tundra und Taiga bis hin zu Steppen und Halbwüsten.

Karpaten (4)

Gleich aus fünf Gebirgszügen bestehen die Karpaten: Kleine Karpaten, Beskiden mit Tatra und Slowakischem Erzgebirge, Waldkarpaten, Ostkarpaten und Südkarpaten. Auf einer Länge von 1300 Kilometern berühren sie vier Länder: Polen, die Slowakei, die Ukraine und Rumänien. Die Karpaten sind den Alpen recht ähnlich, allerdings ist die höchste Erhebung – sie befindet sich in der Hohen Tatra – nur 2655 Meter hoch.
Große Teile der Karpaten sind bewaldet. Buchen, Fichten, Tannen und Lärchen gedeihen hier. Daneben gibt es unberührte Bergwiesen, Seen und verborgene Täler. In Naturparks leben seltene Tiere wie Bisons und Luchse. Die Karpaten laden zum Bergsteigen und Skifahren ein. So haben sich zahlreiche Fremdenverkehrszentren entwickelt. Auch die vielen tausend Höhlen locken Touristen an.

Apennin (3)

Den Anschluß an die Alpen bildet in Italien der Apennin. Dieses Gebirge durchzieht auf einer Länge von 1100 Kilometern die italienische Halbinsel wie ein Rückgrat. Seine höchste Erhebung ist der Corno Grande mit 2914 Metern.

Die europäischen Meere

Nordsee

Die Nordsee ist ein Nebenmeer des Atlantischen Ozeans. Sie ist rund 580 000 km² groß und erstreckt sich zwischen dem europäischen Festland, den Britischen Inseln und Skandinavien. Mit dem Atlantischen Ozean ist sie durch den Ärmelkanal und durch einen breiten Durchgang im Norden verbunden. Mit der Ostsee verbinden sie Skagerrak und Kattegat. Im Durchschnitt ist die Nordsee 93 Meter tief.

Atlantik

Der Atlantische Ozean, auch Atlantik genannt, umfasst 106,6 Millionen km² und ist damit der zweitgrößte Ozean der Welt. Mit seinen Nebenmeeren Europäisches Mittelmeer, Nordsee und Ostsee, Europäisches Nordmeer, Golf von Mexico und Karibisches Meer bedeckt er rund ein Fünftel der Erdoberfläche. Er trennt Nord- und Südamerika von Europa, Asien und Afrika. Im Durchschnitt ist er 3293 Meter tief, an seiner tiefsten Stelle wurden 9219 Meter gemessen.

Ebbe und Flut

Die Gezeiten werden durch die Anziehungskraft des Mondes verursacht. Auf der Erdseite, die dem Mond zugewandt ist, entsteht ein Wasserberg: Hier ist Flut. Auch auf der gegenüberliegenden Erdseite türmt sich ein Wasserberg. Zwischen den beiden Wasserbergen ist Niedrigwasser: Ebbe.

Ostsee (1)

Die Ostsee ist ein Binnenmeer, das heißt, sie hat keine direkte Verbindung zu einem Ozean. Nur zur Nordsee führen einige Wasserstraßen. Deshalb gibt es hier kaum Gezeiten. Besonders im Sommer kommen viele Urlauber hierher. Es gibt Schiffe und Fähren, die auch Autos und Züge transportieren.
Im Winter ist das Wetter rau und es weht meist ein kalter Wind. Im Frühling und im Herbst treiben heftige Stürme meterhohe Wellen auf die Küste zu.
Auf der Ostsee herrscht seit alters her ein reger Schiffsverkehr. Im Mittelalter gründeten reiche Ostseestädte die so genannte Hanse, eine bedeutende Handelsvereinigung ihrer Zeit, in der Kaufleute Handel zu Wasser und zu Land bis in den Orient betrieben. Noch heute haben viele Länder eine große Flotte. Auch Fischerei und Fischverarbeitung sind wichtige Industriezweige. Die Ostsee ist sehr fischreich, beispielsweise gibt es hier Heringe, Aale und Sprotten.

Etwa alle sechs Stunden gibt es einen Wechsel von Ebbe und Flut. An den Küsten im Südosten und Osten sind wegen der Gezeiten breite Wattengebiete entstanden. In diesen einzigartigen Großökosystemen leben zahlreiche Tierarten wie Wattschnecken, Strandkrabben und Zwergseeschwalben. Wenn der Wind auf das Land zuweht erhöht sich der Wasserstand enorm. Dann besteht die Gefahr einer Sturmflut. Zum Schutz haben die Bewohner entlang der Küste Deiche gebaut.

Mittelmeer (2)

Das Mittelmeer liegt zwischen den Kontinenten Europa, Asien und Afrika. Insgesamt verfügen 21 Länder über Mittelmeerküsten. Das blieb nicht ohne Einfluss auf das Leben der Menschen. Zum Beispiel lernten sie die Gewürze aus den anderen Küchen kennen und übernahmen Rezepte voneinander. Außerdem bestimmte die Nähe zum Meer das Leben der Völker, in denen es viele Seefahrer, Fischer, Kaufleute und Piraten gab. Durch die Straße von Gibraltar kann man in den Atlantik fahren, durch die Dardanellen ins Schwarze Meer und durch den Suezkanal ins Rote Meer.
Das Mittelmeer ist ein Nebenmeer des Atlantik, mit dem es durch die Straße von Gibraltar verbunden ist. Dieser Zugang ist an der engsten Stelle nur 14 Kilometer breit, so dass es im Mittelmeer kaum Ebbe und Flut gibt. Weil zudem nicht viele Flüsse ins Mittelmeer fließen, gelangen nur wenig neue Nährstoffe ins Wasser. Auch fehlen ausreichend Strömungen, die das Wasser durchmischen und frischen Sauerstoff hineinbringen. Aus diesen Gründen gibt es im Mittelmeer seit jeher wenig tierisches und pflanzliches Leben. Industriebetriebe entlang der Küsten belasten das Wasser zusätzlich.

Klima, Tiere und Pflanzen

Das Klima

Der Begriff „Klima“ fasst alle möglichen Erscheinungen des Wetters zusammen, zum Beispiel Temperaturen und Niederschläge, die in einem Gebiet im Verlaufe eines Jahres üblicherweise auftreten. Vom Klima hängt es ab, welche Tiere und Pflanzen in einem bestimmten Raum leben können. Wissenschaftler haben die Welt in Klimazonen eingeteilt. In ihnen herrschen ähnliche Wetterbedingungen und die Landschaften gleichen sich.

Warmes Wasser für Europa

Der Golfstrom ist eine Meeresströmung, die ihren Anfang im Golf von Mexiko (im Südosten der USA) nimmt und von dort subtropisch warme Wassermassen quer über den Atlantik bis nach Nordeuropa bringt. Insgesamt hat Europa deshalb ein recht mildes, ausgeglichenes Klima. Besonders in Westeuropa macht der Golfstrom das Meer zu einem Wärmespeicher.

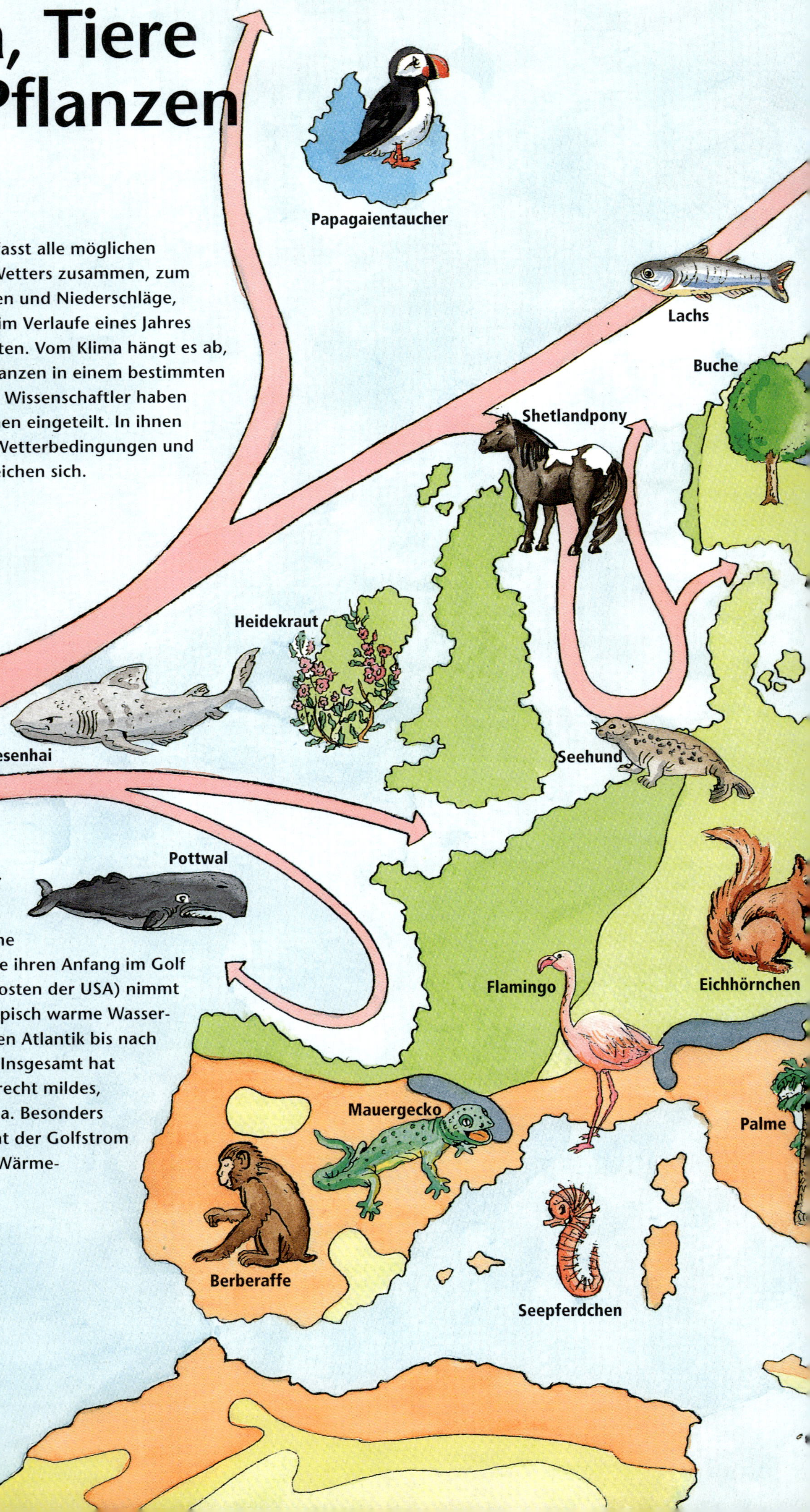

Kalte Zone: Tundra
Kalte und dunkle Winter, kurze Sommer. Wenig Niederschläge, durch die Kälte kann kaum Wasser verdunsten. Der Boden bleibt das ganze Jahr gefroren. Vegetation: Heidekraut, Moose und Flechten.

Kalte Zone: Taiga
Kalte und schneereiche Winter, kurze Sommer. Der Dauerfrostboden taut dann an der Oberfläche auf. Vegetation: Nadelwald, Sümpfe.

Gemäßigte Zone: Ozeanisches Klima
Immerfeuchtes Klima: Niederschläge an 250 Tagen. Milde Winter- und Sommertemperaturen. Vegetation: Laub-, Nadel- und Mischwald, Moore

Gemäßigte Zone: Kontinentales Klima
Das ganze Jahr über kommt es zu Niederschlägen, aber deutlich weniger als im Ozeanischen Klima. Vegetation: Laub-, Nadel- oder Mischwald.

Subtropische Zone: Mittelmeerklima
Heiße, trockene Sommer, milde, niederschlagsreiche Winter. Vegetation: Niedriges Gebüsch und Kräuter, Oliven- und Zitrushaine.

Subtropische Zone: Steppe
Lange, heiße Sommer, milde Winter mit Regen. Vegetation: Gras.

Subtropische Zone: Halbwüste, Wüste
Trockene Gebiete, kaum Niederschlag. Keine Vegetation.

Hochgebirgsklima
Schneereiche, lange Winter, warme Sommer. Starke Winde und viele Niederschläge. Vegetation: Verändert sich mit der Höhenlage. Sie reicht von grünen Tälern, in denen es auch Bäume gibt, über Strauchers- und Grasbewuchs bis zu ewigem Schnee und Eis auf den Gipfeln.

Aus der europäischen Geschichte

Die Griechen

Griechenland gilt als „Wiege" Europas. In den griechischen Städten entstand die Demokratie, die Herrschaft des Volkes. In der Volksversammlung durfte jeder Bürger reden und bei Entscheidungen seine Stimme abgeben. Frauen, Zugewanderte und Sklaven hatten keinerlei Stimmrecht.

Als das Land die wachsende Bevölkerung nicht mehr ernähren konnte, verließen viele Griechen ihre Heimat. Als Seefahrer gründeten sie an der italienischen, französischen und spanischen Mittelmeerküste neue Städte. Dadurch wurden die griechische Sprache, Dichtung, Kunst, Religion und Wissenschaft, aber auch die Gebrauchsgegenstände und das Geld der Griechen im gesamten Mittelmeerraum verbreitet.

Die Römer

Im 6. Jh. vor Christus wuchs Rom aus einer kleinen Gruppe von Dörfern zu einer Stadt zusammen. Im Lauf der Jahrhunderte erweiterte Rom seine Macht immer mehr, bis schließlich ein riesiges Reich entstand. Es umfasste nicht nur den gesamten Mittelmeerraum, sondern reichte darüber hinaus.

Zur Festigung ihrer Herrschaft verbanden die Römer die einzelnen Gebiete ihres Reiches mit einem dichten Straßennetz und gründeten zahlreiche Städte, in denen Handel getrieben wurde. Ihre Sprache, das Lateinische, war bis über das Mittelalter hinaus die wichtigste Sprache in Europa. Noch heute erzählen Ausgrabungen an vielen europäischen Orten von der Herrschaft der Römer.

Die Völkerwanderung

Unter dem gewaltigen Ansturm der Völkerwanderung zerfiel um 500 nach Christus das Römische Reich. Auf der Suche nach Land durchbrachen slawische und germanische Völker, wie die Goten und die Langobarden, die römischen Grenzen und durchquerten auf blutigen Eroberungszügen Europa. Dabei bekämpften sie sich auch gegenseitig. Schließlich ließen sich sich nieder und gründeten neue Staaten.

Mittelalter

Der größte Teil der Bevölkerung lebte auf dem Land, meist in kleinen Dörfern. Die Bauern rodeten die riesigen Wälder, um neue Ackerflächen zu gewinnen. In den Städten lebten meist Handwerker, zum Beispiel Gerber, Färber oder Weber. Sie versorgten mit ihren Waren andere Städte und das Land. Für die Ausbildung sorgten Schulen, in denen Mathematik und Latein gelehrt wurde. Bald wurden auch die ersten Universitäten gegründet.

Der Übergang in die moderne Zeit

Der Weg in die moderne Zeit veränderte Europa: Es kam zu zahlreichen Kriegen zwischen den europäischen Ländern, in deren Folge Grenzen neu gezogen wurden oder neue Staaten entstanden. In der Französischen Revolution von 1789 setzten französische Revolutionäre den König ab. Sie forderten die Freiheit und Gleichbehandlung aller Menschen.

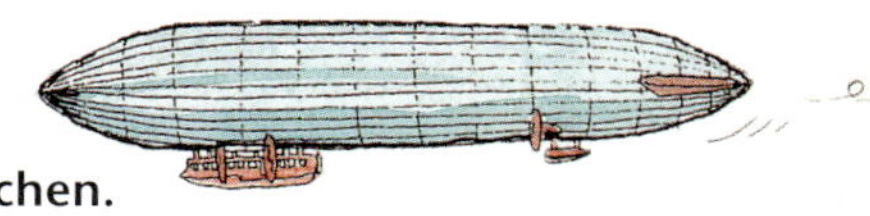

Auch bedeutende technische Erfindungen, wie die Dampfmaschine, veränderten das Gesicht Europas. Die Eisenbahnen verbanden nicht nur die wichtigsten europäischen Städte, sie brachten tausende von Menschen, die auf dem Land keine Arbeit mehr fanden, in die entstehenden Großstädte, in denen es Arbeit gab. Allerdings waren viele Menschen gezwungen, für einen Hungerlohn in den Fabriken an Maschinen zu arbeiten. Um die Eisen- und Stahlindustrie und den Bergbau herum entstanden die Industriereviere. Die technische Entwicklung verlief immer rasanter. Erfindungen wie Auto, Telefon, Glühbirne und Radio veränderten allmählich das Alltagsleben der Menschen.

Auch große Entfernungen konnte man durch die Entwicklung der Luftfahrt in immer kürzerer Zeit überwinden. Erst gab es nur den Ballon, dann das Luftschiff und schließlich den Zeppelin, der um die Jahrhundertwende von Ferdinand Graf Zeppelin konstruiert wurde.

Das 20. Jahrhundert

Das 20. Jh. ist das Zeitalter bahnbrechender technischer Erfindungen, vor allem im Bereich der Elektronik. Auch dieses Jahrhundert prägte das Gesicht Europas durch verheerende Kriege, die Millionen von Menschen das Leben kostete. Städte wurden zerstört, viele Menschen verloren ihre Heimat durch Flucht und Vertreibung. Gerade diese schlimmen Erfahrungen führten dazu, den Aufbau eines geeinten Europas anzustreben und zu verwirklichen.

Rekorde

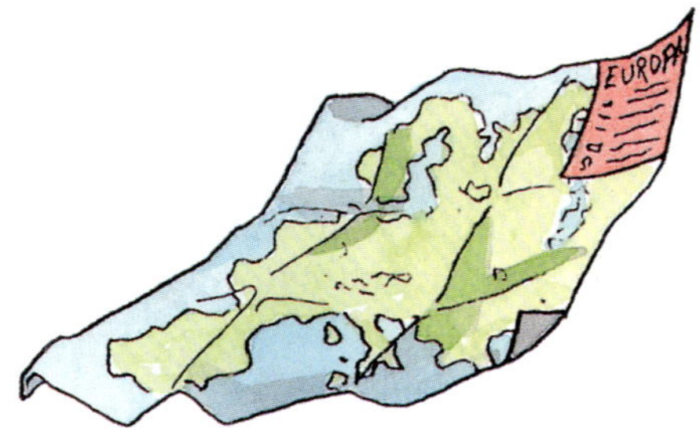

Größte Städte

Paris:
9,3 Millionen Einwohner

Moskau:
8,8 Millionen Einwohner

Istanbul:
7,6 Millionen Einwohner

London:
6,9 Millionen Einwohner

St. Petersburg:
5,4 Millionen Einwohner

Berlin:
3,5 Millionen Einwohner

Madrid:
3,0 Millionen Einwohner

Rom:
2,7 Millionen Einwohner

Kiew:
2,6 Millionen Einwohner

Älteste Stadt Europas, die noch heute besteht: Cádiz in Spanien, wurde um 1100 v.Chr. gegründet.

Größte Insel: Großbritannien mit 227580 km² Fläche

Einige der längsten Flüsse

Wolga: 3531 km
Donau: 2858 km
Dnjepr: 2285 km
Don: 1870 km
Rhein: 1320 km
Elbe: 1165 km
Weichsel: 1086 km
Loire: 1020 km
Tajo: 1007 km
Theiß: 966 km
Maas: 933 km
Ebro: 910 km
Oder: 860 km
Rhône: 813 km

Größter See:
Ladogasee in Russland mit 17703 km² – der Bodensee hätte in diesem See insgesamt 33 mal Platz!

Meistbefahrener Kanal:
Nord-Ostsee-Kanal in Deutschland

Längster Kanal:
Wolga-Ostsee-Kanal in Russland (etwa 2300 km Gesamtlänge, verbindet das Schwarze Meer mit der Ostsee)

Größter Wasserfall: Utigardfall in Norwegen: 610 m.

Längste Eisenbahnstrecke:
Transsibirische Eisenbahn zwischen Moskau und Wladiwostok mit 9297 km Länge – über 11 mal so weit wie von Hamburg nach München!

Schnellstes Passagierflugzeug:
Concorde (britisch-französische Gemeinschaftsproduktion; erreicht eine Spitzengeschwindigkeit von 2330 km/h)

Schnellster deutscher Zug:
ICE (Inter City Express) mit einer Spitzengeschwindigkeit von 250 km/h

Schnellster Zug:
Der französische TGV (Train à Grande Vitesse) mit einer Spitzengeschwindigkeit von 299 km/h

Älteste U-Bahn Europas und der Welt:
Die 1863 eröffnete „Underground" in London/Großbritannien

Land mit dem dichtesten Straßennetz:
Belgien

Land mit den meisten Autobahnen:
Deutschland

Längste Autobrücke Europas:
Die Ostbrücke über den Großen Belt mit 6800 m Länge, verbindet die dänischen Inseln Seeland und Sprogø

Längster Straßentunnel der Welt: Der St.-Gotthard-Tunnel in der Schweiz mit einer Länge von 16,3 km

Weiteste Entfernungen

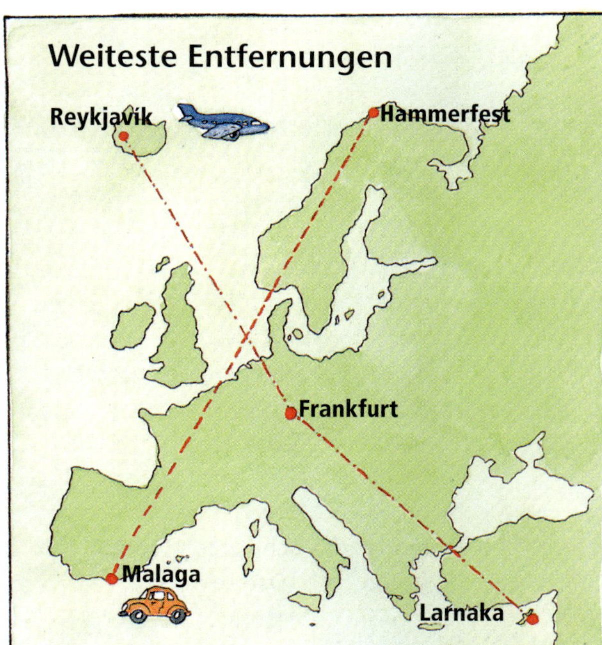

Mit dem Flugzeug: Reykjavík (Island) – Larnaka (Zypern) über Frankfurt (Deutschland) = 5030 km

Mit dem Auto: Hammerfest (Norwegen) – Malaga (Spanien) = 5533 km. Bei einer Durchschnittsgeschwindigkeit von 90 km/h benötigte man für diese Strecke etwa 61 Stunden.

Höchste Autostraße in Europa:
Pico de Veleta in der spanischen Sierra Nevada, führt bis in eine Höhe von 3469 m – 500 m höher als der Gipfel der Zugspitze!

Stadt mit den meisten Brücken:
Hamburg, etwa 2700 Brücken

Größter Hafen Europas und zugleich größter künstlicher Hafen der Welt: Europoort in Rotterdam/Niederlande

Ältester erhaltener Ski Europas und der Welt:
2500 Jahre alt; der Ski kann in einem Museum in Oslo/Norwegen bestaunt werden.

Höchstes Gebäude Europas:
Büroturm der Commerzbank in Frankfurt/Main mit 258 m

Höchster Kirchturm Europas und der Welt:
Turm des Ulmer Münsters mit 162 m – 768 Stufen führen fast bis zur Spitze hinauf.

Größte Kirche Europas:
Petersdom in der Vatikanstadt

Erste Olympische Spiele:
776 vor Christus in Olympia/Griechenland

Erste Olympische Spiele der Neuzeit:
1896 in Athen/Griechenland

Als friedlichstes Land Europas und der Welt gilt die Schweiz, die seit 1515 keinen Krieg mehr geführt hat.

Größte Internationale Jugendbuchbibliothek Europas und der Welt:
Die Internationale Jugendbibliothek in München mit etwa 460 000 Kinder- und Jugendbüchern in über 100 Sprachen

Größte Comicbücherei Europas und der Welt:
Die Bibliothek des Comic-Museums in Brüssel/Belgien

Größtes Kaufhaus Europas:
Harrods in London/Großbritannien

Größter Freizeitpark Europas:
Euro-Disneyland bei Paris/Frankreich mit über 10 Millionen Besuchern im Jahr

Kleinstes europäisches Land:
Vatikanstadt mit 44 Hektar Fläche. Am 11. Februar 1929 wurde sie zum unabhängigen Staat in der Stadt Rom ausgerufen.

Die höchstgelegene Stadt Europas:
Der Wintersportort Briancon in den französischen Alpen liegt 1325 Meter über dem Meeresspiegel.

Die kürzeste Bahn Europas:
Das „Marzili-Bähnchen“ in Bern ist 105 Meter lang und überwindet einen Höhenunterschied von 32 Metern.

Die höchste Düne Europas:
Düne von Pyla in Südfrankreich am Golf von Biskaya, 114 Meter hoch

Artenreichster Zoo Europas und der Welt:
Berliner Zoo mit über 18 000 Tieren in mehr als 1400 Arten

Größtes Volksfest Europas und der Welt:
Das Münchener Oktoberfest mit rund 7 Millionen Besuchern in zwei Wochen

Das größte Bett Europas und der Welt:
Das größte noch heute existierende Bett ist in einem Londoner Museum zu besichtigen. Es wurde 1580 gebaut und ist 3,26 Meter breit, 3,37 Meter lang und 2,66 Meter hoch.

Der größte Schuh Europas und der Welt:
Der Skistiefel mit der Größe 490 ist 3,80 Meter lang und 1,80 Meter hoch.

Einige der höchsten Berge

Monte Rosa (Schweiz/Italien): 4634 m
Matterhorn (Schweiz/Italien): 4478 m
Finsteraarhorn (Schweiz): 4274 m
Jungfrau (Schweiz): 4158 m
Gran Paradiso (Italien): 4061 m
Piz Bernina (Schweiz/Italien): 4049 m
Ortler (Italien): 3899 m
Monte Viso (Italien): 3841 m
Großglockner (Österreich): 3797 m
Wildspitze (Österreich): 3768 m
Großvenediger (Österreich): 3674 m
Mulhacén (Spanien): 3478 m
Marmolada (Italien): 3342 m
Zugspitze (Deutschland/Österreich): 2963 m

Größtes technisches Museum Europas:
Deutsches Museum in München

Längster Ortsname in Europa:
Llanfairpwllgwyngyllgogerychwyrndrobwllllantysiliogogogoch in Wales/Großbritannien

Register